羽衣

敦盛

船弁慶

土蜘蛛

能の楽しみ方、学び方

―学校教育で役立てたい能の学習書―

中 西 紗 織

はじめに

　3歳にならないうちからピアノを習い始め、「芸事は六歳の六月六日から」という習わし[1]に従って6歳から能を習ってきました。謡のふしをドレミで聴き取ろうとしましたが、何か違う。西洋音楽とは異なる理論があることを認識したのはだいぶあとになってからでした。初めての稽古場は、画家だった大伯母のアトリエでした。板の間の床を拭き清め、礼に始まり礼に終わる。そこで起こることすべて「『なくてはならぬもの』として身体全体を通して納得していき」（生田　2007, p.80）つつ年月を経るうちに、ただ立ち尽くしているだけで美しい能の身体はどのように獲得されるのか、「わざ」[2]の習得はどのように捉えることができるのかといった疑問が次々生まれ、私の研究の出発点となりました。

　大学や専門学校の教員として教えるようになって30年あまり、教員養成大学では15年目となりました。その間、試行錯誤を重ねながら能の授業を行ってきました。音楽学、音楽教育学の専門分野から能の「教える・学ぶ」に焦点をあてて博士論文を書き、研究継続中である者として、能の面白さを特に若い人たちに伝えたいと思い続けてきました。本書は、児童・生徒・学生と、そのような方々を指導する先生方や、普段能をあまり観たことのない方々を主に対象としています。そういう方々に、能への理解を深め能の魅力を自ら発見してほしいという願いをこめて書き上げました。本のタイトルは、能の演劇的特徴、大学生を対象とした授業や体験学習などについて述べた小論「能の楽しみ方、学び方——能の『時間性』『空間性』『声』『身体』に焦点をあてて——」（『中学・高校音楽通信 Spire_M 2013年秋号』教育出版）から取りました。

　コロナ禍真っ只中の2020年、エフエムくしろのパーソナリティmidoriさんからご連絡をいただきました。midoriさんの担当番組「sunset SPICE」のvaried expertsというコーナーで能の話をしてもらえないかというご依頼でした。もちろん喜んでお引き受けしました。現在、主に大学生を対象として能の授業を行い、毎月東京へ能の稽古に通っている者として、能の魅力をできるだけわかりやすく伝えたいと考え、midoriさんとご相談しながらお話ししてきました。

　本書は、上記ラジオ番組で取り上げたテーマや内容に基づき、ワークシート

や譜例などの付録を加え、大幅加筆修正したものが中心なので、その番組でお話ししたような語り口調で書いています。第1章では、能への入り口としていくつかの切り口からできるだけわかりやすく語ってみました。第2章では「ストーリーから追う能」というテーマによる能を取り上げ、第3章では「能の台詞に注目」というテーマで、能によく出てくる台詞に注目してみました[3]。

　お読みくださる読者自身の理解や視点を通して、新たな発見や学びや研究の出発点としてご活用いただいたり、能楽堂にご持参いただき鑑賞前にご覧いただいたり、学校の先生方には授業でこのまま読み上げていただいたり、付録のワークシートや譜例などをご活用いただいたり、折にふれてどこからでも開いてご覧いただければ、著者として大変嬉しいです。

注

1) 世阿弥が『風姿花伝』に書いた「此芸に於ひて、大方七歳を以て初とす」（表・加藤 1974, p.15）　によるという説があります。「七歳」というのは数え歳です。

2) 生田久美子先生のご研究（『「わざ」から知る』など）によります。私の研究では、守・破・離（江戸千家川上不白の言葉）で示す方法原理と、「形」「型」「わざ」という段階で示す習得内容の対応関係を見出し、能の「わざ」習得プロセスの図式化を試みました（中西 2008）。

3) 第1章〜第3章は、2021年4月〜2023年3月までにお話しした内容を再構成したものです。2024年度現在も番組継続中です。

［重要］本書における凡例として、以下の通り記しておきます。ぜひお読みください。

・能の演目名には《　　》を付ける。

・能の舞事（シテ、ツレなどが囃子の演奏によって演じる抽象的な舞のこと）や働事（シテや複数の登場人物が、特定の意味や意図を持って囃子の演奏と所作によって演じる）の名称には〈　　〉を付ける。これらの名称の表記は、横道萬里雄（1987）『岩波講座 能・狂言Ⅳ』（岩波書店）などによる。

　　　例　舞事〈中ノ舞〉〈序ノ舞〉〈男舞〉〈神舞〉〈楽〉〈神楽〉〈鞨鼓〉など
　　　　　働事〈舞働〉〈斬組ミ〉〈カケリ〉〈立廻リ〉など
　　　　＊謡本には〈斬組〉〈翔〉〈立廻〉などと記されている。本書では観世流謡本を用いている。

・謡本の詞章には〳（庵点）を付け、「〳それ青陽の春になれば……」のように記す。〳（庵点）の記号は、謡本にも見える。

・謡本の詞章の引用では、一部旧字体を新字体にして、踊り字の類（ゝ、ゞ など）や、くの字点については文字や語句を繰り返して記す。

・謡本の引用中の語句のルビ（フリガナ）については、原則謡本に記されたカタカナ（実際に発音される通り）で表記する。読みやすくするためにルビを加えた箇所もある。

　　　例　《羽衣》より　霊香四方に薫ず　「レイコウ」ではなく「レイコオ」

　能のタイトル、舞事・働事の名称、読み方の難しい字など、その他のルビは平仮名で表記する。

・能の動作に関する名称や所作名については、上記文献（横道　1987）と、観世左近（1974）『観世流仕舞形付』（檜書店）などに基づき、以下のようにカタカナ表記で示す。

　　　例　カマエ　ハコビ　サシコミ　ヒラキ

・謡本や手附本などの出版年については、筆者が所有する文献の出版年を記す。

・注は各セクションごとに表記する。

目　次

巻頭カラーページ（イラスト制作 / 佐藤　良）

はじめに ……………………………………………………………… 7

第*1*章　能への入り口 ……………………………………… 13

1　能って何？…14
2　能を踊る？　能を舞う？…16
3　シテの持ち物──持ち物からわかるキャラクター…17
4　能に関する素朴な疑問 …19
5　翁──能にして能にあらず…25

第*2*章　ストーリーから追う能──今月はこの能 ……………… 29

1月　　鶴亀 …30
2月　　胡蝶 …34
3月　　鞍馬天狗 …37
4月　　羽衣 …40
5月　　葵上（季不知）…43
6月　　水無月祓 …47
7月　　土蜘蛛 …50
8月　　楊貴妃 …53
9月　　紅葉狩 …57
10月　　小鍛冶（季不知）…61
11月　　船弁慶 …65
12月　　巻絹 …69

第**3**章　能の台詞に注目 ………………………………………… 73

　　1　名ノリ　　　　　　　　　橋弁慶、吉野天人、土蜘蛛 …74
　　2　呼掛　　　　　　　　　　羽衣、吉野天人、殺生石 …77
　　3　急ぎ候ほどに　　　　　　玉鬘、敦盛、富士太鼓、安達原 …81
　　4　アラヤナ　　　　　　　　田村、山姥、経正 …85
　　5　如何なる人にてましますぞ　井筒、野宮、舎利 …89
　　6　かかりける所に　　　　　碇潜、夜討曽我、龍虎 …93
　　7　いかに申すべき事の候　　雲雀山、三井寺、野守 …97
　　8　よくよく物を案ずるに　　自然居士、源氏供養、草子洗小町 …101
　　9　今は何をかつつむべき　　高砂、頼政、桜川 …105
　　10　暫く　　　　　　　　　　籠、安宅、大佛供養 …108
　　11　待謡　　　　　　　　　　西王母、東北、忠度 …112
　　12　言葉の響きの面白さ　　　清経、松虫、羽衣　他 …116

おわりに ……………………………………………………… 120

引用・参考文献 ……………………………………………… 123

付録 …………………………………………………………… 128

ワークシート …131
　　1能って何？　2能舞台　3能《船弁慶》4能の基本の型　ワークシートの答え

能の構成表 …136
　　表1《羽衣》　表2《鶴亀》　表3《船弁慶》　表4《敦盛》

譜例 …139
　　譜例1　仕舞《鶴亀》、仕舞《羽衣キリ》冒頭部横線譜
　　譜例2　仕舞《鶴亀》冒頭部
　　譜例3　仕舞《羽衣キリ》冒頭部
　　譜例4　能《羽衣》よりキリ　囃子スコア

能の役籍と流派 …148

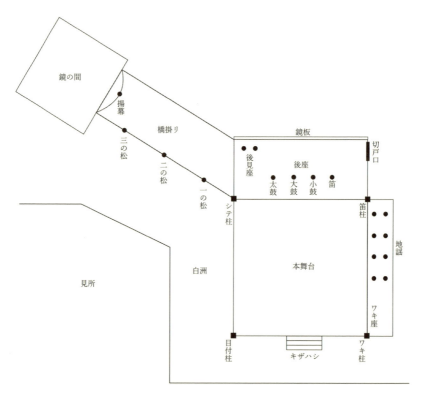

能舞台平面図　　作成：佐藤良

第 *1* 章

能への入り口

第1章は、能への入り口です。「能って何?」からお話を始めましょう。自分の入りやすい入り口を見つけていただければと思います。

1 能って何?

ここでは五つの特徴をあげてみます。もちろんもっといろいろな特徴や説明の仕方があると思います。それぞれをさらに深堀りすることもできますね。まずはこの入り口から入ってみましょう。

---

1 謡・舞・囃子が重要な役割を果たす音楽劇
2 観阿弥（1333 〜 1384）と世阿弥（1363 ？〜 1443 ？）親子によって室町時代に大成された
3 左右非対称の特別な舞台で演じられる
4 シテは面をかけて演じる
5 ユネスコの無形文化遺産に登録されている

第1の特徴は、「音楽劇である」ということです。能は音楽の要素が豊富な演劇です。だから、学校教育では音楽という教科で取り上げられるのですね。

第2の特徴は、歴史的なことです。世阿弥の生没年は正確にはわかっていませんが、上記の年代が定説とされています。室町時代、三代将軍足利義満（1358 〜 1408）の保護によって、当時申楽と呼ばれていた芸能が洗練され現代につながる基礎ができました。現代の私たちとは異なる死生観も、能の成立背景や演劇的特徴と深く結びついています。

第3の特徴は、舞台空間のことです。世界的に見ても大変ユニークな舞台構造だと言われています。異世界の存在が橋の構造（橋掛リ）を渡って、私たちがいる現世（本舞台）にやってくる。物語が終わり、登場人物たちが再び橋掛リを通って「鏡の間」という空間に消え去っても、静かに余韻が残っています。「能はけっしておわることがない」（土屋　2001, p.75）という空間と時間の仕組みです。

第4の特徴は、能が世界的にも有名な「仮面劇」と言われることです。演目によって、シテ（p.20）やツレといった役の人たちが面をつかいます。面は、

登場人物のキャラクターによってさまざまな種類があり使い分けられています。「直面」といって、素顔で演じることもあります。演技においては、これは素顔ではなく「直面」という面として演じるものなのだとも言われます。シテの相手役のワキは面を使いません。面は実は大変表情豊かで、少し上向きになると「照る」といって、微笑んでいるように見えます。反対に少し下向きになると「曇る」といって、沈んだ表情になります。「表情が曇る」という言い方もありますね。極端に上を向いたり下を向いたりはしませんが、ほんの少しの角度の変化でいろいろな情感や内面を表現することができます。

　第5の特徴は、世界的にもその価値を認められている、人類の宝ということです（能楽（能と狂言）がユネスコの無形文化遺産に登録されています）。

　大学の私の能の授業では次のようなスライドを使っています。国際学会やシンポジウムなどでの発表のために以前作成したものです。空欄には、授業内容や授業計画などによって、図や画像を入れています。

What is Noh?　能って何？	・A musical drama in which chanting, dancing and instruments play an important role. 謡（うたい）、舞（まい）、囃子（はやし）が重要な役割をはたす音楽劇 ・Completed and developed by Kan'ami (1333-1384) and Zeami (c.1363- c.1443) in the Muromachi period. 観阿弥（かんあみ）と世阿弥（ぜあみ）親子によって室町時代に大成された ・Performed on a special asymmetrical stage. 左右非対称の特別な舞台で演じられる ・The leading actors usually wear masks. シテは面（おもて）をかけて演じる ・Registered as a UNESCO Intangible Cultural Heritage. ユネスコの無形文化遺産に登録されている

　「能って何？」というところから学びはじめて、世界の人々に能のよさや楽しさ、面白さを発信できるようになりますように。

15

2　能を踊る？　能を舞う？

　日本の伝統音楽・伝統芸能には、その種目独自の用語があります。例えば、能では、英語でdanceと呼ぶべき身体表現を「踊る」とは言わず「舞う」と言います。「踊る」は、歌舞伎踊りの技法を基本とする日本舞踊において一般的に用いられる表現です（京舞井上流では「舞う」と言います）。「踊る」「舞う」だけの用語に注目してみても、その種目の目指す表現の世界が異なることがうかがわれます。

　能の声楽と言える声による表現については「歌う」ではなく「謡う」であり、謡われたものは「歌」ではなく「謡」と言います。謡われる言葉も「歌詞」ではなく「詞章」と言います（ただし「詞章」はどちらかと言うと研究の世界で使われる用語で、稽古の場では「謡」と呼ぶように思います）。

　日本の伝統音楽・伝統芸能において求められている音楽表現についても、私たちが親しんでいる西洋音楽とは異なる意識（美意識と言ってもよいでしょう）が働いています。例えば、能の謡を謡う場合、決められた音高（ピッチ）にピッタリ合せて声を出すという考え方とは異なるルールによって声の表現が成立しています[1]。地謡というコーラス隊のような役割の人たちも、同じピッチで声をピッタリ合せるという西洋音楽的考え方とは異なる、日本伝統音楽の意識によって、声や息を揃えて謡っています。

　学校教育の音楽という教科において、私たちは子供の頃から主に五線譜や「ド・レ・ミ……」によって音楽を学習してきました。しかし、その枠組みでは捉えられない音楽があることも理解してしっかり学ぶ必要があるでしょう。現行の中学校学習指導要領音楽編には、すでに「間」と「序破急」という用語があり（文部科学省　2018, pp.117-119）、「口唱歌」という言葉も入りました（同前（中学校）　pp.113-114、同（小学校）　2018, p.129）。唱歌は、和楽器の音色、奏法、音型、楽器独特のニュアンスなども伝える方法で、和楽器を習う上で欠かせない概念です。例えば、箏の「コロリン」を、「タタタン」と捉えてしまったら、「コロリン」に伴う音色、奏法、強弱、身体性を伴った表現などが伝わらないでしょう。

　能にも確固とした音楽理論や決まりがあり、それは西洋音楽の枠組みでは捉えることができません。日本の伝統音楽・伝統芸能を学ぶ意義の一つは、その

伝統音楽・伝統芸能の枠組みによってしか捉えることのできない世界があることに思い至り、その音楽や芸能独自のよさや面白さや価値があることに気づき、広い視野からそのような特徴を捉え直すことができるようになることではないでしょうか。

注
1)「日本の伝統音楽にほぼ共通のことであるが、能の謡にも絶対音高の感覚はない。極端にいえばシテと地謡の得意とする音域によって、その日の核となる音高が定まるのだが、概して悲劇的なものを求める曲目では音を静かに低く、楽しく賑やかな能では声を高らかに張る傾向にある」(三浦 1998, p.34)。

3　シテの持ち物──持ち物からわかるキャラクター

　能を観る時、シテが扇を持って舞うのを観ることが多いですね。現代の私たちが見たことのない持ち物を持ってシテが登場することもあります。今回はそれについてお話ししましょう。流派、その能の家の方法、その時々の演出によっても少し異なる部分があるかと思いますが、だいたい以下のようなきまりで持ち物が使われています。能の題名とその持ち物を使う人物（シテ）をあげます。

1　扇　中啓──閉じていても先が少し開いた形の扇　　鎮折──仕舞の扇
　　能で使うこともある（扇には黒骨と白骨がある）

　　○勝修羅扇　（松に朝日の絵柄）　《屋島》　後ジテ：源義経の霊

　　○負修羅扇　（波に入日の絵柄）　《清経》　シテ：平清経の霊

2　長刀

　《船弁慶》　後ジテ：平知盛の怨霊

　《巴》　後ジテ：巴御前の霊

17

《熊坂》　後ジテ：熊坂長範の亡霊　　＊熊坂長範──伝説上の大盗賊

3　団扇

○唐団扇　《邯鄲》　シテ：盧生（中国の青年）　　《鶴亀》　シテ：皇帝

　　　唐物や唐事（世阿弥もそう呼んでいる　『風姿花伝』（表・加藤　1974,
　　pp.26-27））といわれる、中国の物語が題材となった能で使われる。

○羽団扇　《鞍馬天狗》　後ジテ：天狗

○魔王団扇　《大般若》　後ジテ：深沙大王　　＊昭和58年復曲された能

4　笹　「笹は狂女のトレードマーク」（観世・正田　2013, p.41）

　　○狂い笹　《隅田川》　シテ：梅若丸の母　　《百万》　シテ：女芸能者百万

5　打ち杖　鬼になった女が持つ
　　　《葵上》　後ジテ：六条御息所の生霊

　　　《鉄輪》　後ジテ：女の生霊　　嫉妬の情念から鬼女に

　　　《安達原》　後ジテ：鬼女　人間を喰う鬼

　　　《道成寺》　後ジテ：鬼女・毒蛇

6　桛杖　人間離れした存在の力の象徴

　　　《玉井》　後ジテ：龍王　　《山姥》　後ジテ：山姥

《恋重荷》（類似したテーマの能に《綾の鼓》がある）
　　　　　後ジテ：山科荘司（庭掃きの老人）の怨霊

7 杖　釣り竿と同じように作られた、細い竹の杖

　　○盲杖　《弱法師》　シテ：盲目の少年弱法師

　　○突き杖　《卒都婆小町》　シテ：百歳の小野小町
　　　　　　　《善知鳥》　後ジテ：漁師の霊

＊以上5〜7の杖には、手に持つ杖（イメージとしては魔法使いが持つ、長めの指揮棒のような形状のもの）から、歩くときに突くステッキ状のものなどがある。5は長さ60cmほどの杖。

8 すくい網　《桜川》　後ジテ：桜子の母

9 四手網　《阿漕》　後ジテ：阿漕の亡霊

10 幣　《巻絹》　シテ：巫女

　　　　　《賀茂》　後シテ：別雷神

11 金剛杖　《安宅》　シテ：武蔵坊弁慶

12 鞨鼓　《自然居士》　シテ：自然居士

4 能に関する素朴な疑問

　ここでは、私の能の授業で学生から出てきた質問などを中心に取り上げます。

いろいろな考え方や捉え方もあるかと思いますが、Q&A の形で、できるだけわかりやすく簡単にまとめてみました。

Q シテとかワキって何ですか？

A シテは、その能の主人公のような登場人物で、ワキはシテの相手役のような存在です。よくあるのは、ワキが旅のお坊さんで、ある所にやってきたら、里の女、これがシテですが、その女が出てきて昔語りを始めたというような物語。語るうちに里の女は「実は私が今お話ししたその女の幽霊です」と正体を明かし、姿を消します。ここまでが前場という前半場面です。ここでは里の女が「前ジテ（前シテとも）」です。後半場面、後場となり、お坊さんがお経をあげていると、女がかつての姿で登場します。これが後ジテ（後シテとも）です。本来の姿で現れた女は、美しい舞を舞い思いを語り、夜明けとともに消えていくというような結末となります。

Q 能と狂言はどう違うのですか？

A 能と狂言は兄弟のようなもので、同じ能舞台で演じられ、能の中に「アイ」という役で狂言師が登場し、能のシテ方やワキ方などと共演します。よく「能楽」と言いますが、それは能と狂言を合わせた呼び方で、そのように呼ばれるようになったのは明治時代以降のことです。それ以前は、「申楽（猿楽）」と呼んでおり、700 年近い歴史があります。物まねや笑いの要素と台詞を重視したのが狂言、能では笑いの要素は少なく、歌舞的要素を重視しています。目で見てわかりやすい違いは、狂言師は黄色っぽく見える足袋をはき、麻などの生地でできた装束は比較的簡素なものが多いです。それに対して、能では白足袋、装束は金糸・銀糸や刺繍などによる凝った作りのものが舞台を彩り豊かにします。

Q 能楽と歌舞伎はどう違うのですか？

A まず歴史が違うと言えるでしょう。能楽は 700 年近い歴史、歌舞伎は 400 年以上の歴史があります（イタリアで生まれたオペラは歌舞伎と同じくらいの歴史があります）。また、能楽は武士階級や支配階級の中で、つまり男性が発展させてきた伝統劇ですが、歌舞伎の始まりには女性が深く関わっています。

20　　第1章　能への入り口

出雲の阿国という女芸能者が京にのぼり娘歌舞伎を演じたことをもって、歌舞伎の始まりとしています。17世紀初め頃のことです。その後歌舞伎は男性が演じるものとなって現代に継承されています。

　現代の歌舞伎を能楽と比べると、まず見た目で分かりやすいのは舞台の形。能舞台は左右非対称の形で、三間四方の本舞台に向かって左側に橋掛リという橋のような構造があります。歌舞伎の舞台そのものは左右対称ですが、舞台に向かって左側、客席の中を通って花道という構造があります。演目によって両花道といって、舞台の左側だけでなく右側にも花道を設置することがあります。そして、大きな特徴として目で見てわかりやすいのは、歌舞伎では化粧をしていることです。能楽では化粧はしません。歌舞伎では役柄によって化粧に決まりがあり、登場人物のキャラクターによって異なる色やデザインの「隈取」と呼ばれる化粧が特徴的です。

Q　能の謡とお経は似ているように思うけれど何か関係がありますか？
A　日本音楽の声楽の歴史を考えると、古いものでは神楽歌や雅楽の催馬楽、朗詠などがあります。仏教が伝来して、経典などとともに声明も日本に輸入されました。声明はお坊さんが学ぶ五明という五つの学問分野の一つで、文法学や音韻論のことですが、そこから転じて、仏教の経典に節をつけた、声による仏教音楽を指すようになりました。能の謡はこの声明の影響を強く受けていると言われています。例えば記譜法といえるような記号にも似ているところがありますし、発声や声や息の使い方も似ているところがあります。腹式呼吸によるどっしりとした声の使い方に共通点があると言えるでしょう。

Q　能の声って独特ですがどうやって出しているのですか？
A　目に見えるようなものではないので言葉で説明するのは難しいですね。腹式呼吸によって腹筋や横隔膜を大いに使い、息遣いのコントロールによって声を出しているのだと言えるでしょう。体全体に響かせた、どっしりと安定感のある声です。西洋音楽のいわゆるベルカント唱法と呼ばれるものは、横隔膜をゆっくり使い、体の重心は上のほうにあり、頭のてっぺんに響かせるような声を出しますね。それに対して、能の発声の場合、体の重心はもっと下の方、つまりおへその少し下辺りの丹田というところにあると言われています。「下に

つく声」とか「息を下につけて出す声」というような言い方で表現されること
もあります。

Q 能ではなぜあの歩き方なのですか?
A 一般に摺り足と言われる歩き方ですね。能のシテは多くの場合面をかけて
演じるので、できる限り上半身を動かさずに演じます。だから摺り足。《羽衣》
の天女のように、頭に冠を付けたりする役もあるので、それが揺れないように
静かに歩きます。能では「ハコビ」と言います。歩行芸術とも言われる、能の
ユニークで美しい身体表現を可能にしている方法です。

Q 子供が大人の役を演じるのはなぜ?
A 能では子方と言います。登場人物が子供の場合に子方が演じる場合もあり
ます。登場人物が大人だけれども子方が演じるのは、主に以下三つの理由によ
ると言われています。
①シテ中心主義
②できるだけ人間のリアルな関係や感情を表に出さないため
③子方が登場する能がつくられた時に子方の名手がいたから。それと、少年の
演技を高く評価するという考え方があったため。
　役柄上は大人だけれども、はかない存在を表現するために子供が演じるとい
う考え方もあります。変声期前の少年、または女の子が子方を演じることもあ
ります。子方のひと声で場面の空気がガラッと変わるという効果もあります。
例えば《船弁慶》の源義経は子方です(上記①②③の理由の通り)。後場の最
後の見せどころで、義経が「その時義経少しも騒がず」と謡います。平家の亡
霊たちが海から現れ、義経と弁慶一行の乗った船を引き倒して義経たちを海に
沈めて殺そうとする緊迫した場面ですが、義経のこの謡で舞台の空気が一変し
形勢逆転という感じになります。弁慶が呼び出した五大明王、守護神のような
五人の明王ですが、その五大明王の力と弁慶の祈りによって悪霊退散となり
ます。

Q 後見って何をする人ですか?
A 本舞台に向かって左端の後ろ、鏡板の前に二人座っているのが後見です。

ここを後見座といいます。楽屋でシテの装束の着付けをしたり、上演中にシテの装束を直したり、持ち物を変えたり、道具の出し入れを手伝ったりします。中入りの時に一旦切戸口から退場するのは、シテが後ジテの装束に着替える着付けをするためです。そして、万一シテが舞台上で倒れた時などの緊急事態に代役をつとめるという重要な役割もあります。ですから後見は常に自分が後見をする能をすべて演じられるように稽古していなくてはなりません。舞台がスムーズに進むように全体を支える重要な役割を果たしているのが後見です。

Q 屋内なのに能舞台の上に屋根があるのはなぜ?
A かつて能楽、つまり申楽が屋外の舞台で演じられていたことの名残りです。明治時代以降、その形のまま、昔の様式をくずさずに建物の中に屋根ごと建造する形で能楽堂が建てられ、それが主流になったからと言われています。それに、屋外にある能舞台は雨ざらしになることもあって、舞台のメンテナンスも大変ですし、悪天候の時に雨風の中で能を上演することは難しいですよね。貴重な面や装束などにダメージが出る可能性もあります。全天候型という配慮からも、建物の中に、昔の形そのままの能舞台があることが、まさに現代の能ということになりますでしょうか。(屋外で演じる薪能という形もあります)

Q 女性の能楽師っているんですか?
A います。能楽師とは、すべての役籍 (p.148) のプロフェッショナルな能の演者のことをいいますが、現在公益社団法人能楽協会に所属している会員約1040人のうち、女性は約140人だそうです。プロの能楽師として女性能楽師が公式に認められたのは昭和23年のことですが、現在、大変すばらしい女性能楽師の方々が活躍されています。

Q 能を観に行く時の服装は? 着物じゃないとダメですか?
A そんなことはありません。学生さんなら、授業に行くときのような服装でよいと思いますが、あまりラフな普段着ではないほうが無難かもしれません。能や歌舞伎を観にいくと、たしかに和服姿の方々を見かけます。他の演劇に比べたら和服の観客が多いと思います。

23

Q 謡のコーラスのような人たちは音が合っていないように思うのだけれど？

A はい。そうかもしれません。地謡という人たちです。西洋の声楽で声を揃えて歌う場合、ピッチつまり音の高さをきちんと揃えて歌いますよね。ところが、能では、ピッチを合わせて謡うことは求められていないのです（p.17注）。ピッチをピッタリ合わせるのとは違う美意識が働いているのであり、そのほうが能の謡らしいという認識もあると思います。地謡には、地頭というリーダー役がいて、その人に合わせる、というか自然に合っていくということになるので、リズムやピッチがだいたいみんな揃うことになります。

Q 長時間舞台に座っていて足がしびれないのですか？

A 長い能ですと2時間以上になることもあるので、しびれるそうです。能楽師の方々それぞれ長時間座っていられる工夫をされていると聞いたことがあります。例えば、地謡の場合、謡の区切りで一度扇を舞台に置く時に足を組み替えることはよくなさるそうです。それから、能楽師の方々は、足首にスゴイ座りだこがあって、座る時の支えになっているのだということもシテ方の方から聞いたことがあります。

Q 拍手をしてもいいのですか？　また拍手をする場合はいつすればいいですか？

A はい、してもよいです。ただし歌舞伎のように上演中にはしません。昔は、拍手はしてはいけないという暗黙のルールがあったようです。現代においては、拍手はしてもしなくてもよいという考え方が一般的です。舞台上の人たちが退場して、見所（客席のこと）の人たちが拍手をし始めたら一緒にするとよいです。シテ方・ワキ方などが退場する時（子方さんが頑張った時など自然と拍手が出ます）、囃子方と地謡が退場する時と、少し時間を置いて拍手が出ることもあります。また、大変静かな能で拍手するのはふさわしくないという時には、拍手をしないこともあります。追善能など、どなたかの何回忌のような折も（演目にもよるかと思いますが）拍手を控えることが多いです。

　能について知れば知るほど、能を観れば観るほど、たくさんの疑問や問いが生まれてくると思います。それは学習者・鑑賞者の能の世界が拡大し深化する、

大変良いことだと思います[1]。疑問や問いは身近にいる能の専門家に聞くのが一番ですが、そういう人が身近にいない場合は、本やインターネットやSNSで調べることもできますね。能への興味・関心をどんどん拡げ深めていってみてください。

注
1) 中学生を対象とした能の授業の成果の一つとして、「生徒が能について『知らない・関心が薄い』ことを自ら認識し、『知る必要がある』に変容していく」ことがあげられています。能の授業を経て、能の鑑賞や実技を体験することが「楽しい」という感想も多く見られます（中西・齊藤　2021）。生徒たちは、最初は「知らない」ので興味・関心を持つことができないけれど、能に関する多様な体験を経て、「楽しい」と感じ、そのよさや価値に気づき「知る必要がある」に変容していきます。教育の世界で学習者が自らよさや価値を発見できる仕組みや道筋をつくることに、私も日々頭を悩ませています。様々な校種や専門教育の接続や連携などの方法や仕組みを考え続けたいと思います。

5　翁──能にして能にあらず

　第2章では「ストーリーから追う能──今月はこの能」として12番の能を取り上げますが、その前に《翁》についてお話ししておきましょう。

　私たちは、新年を新たな清々しい気持ちで迎え、「おめでとうございます」と挨拶を交わし、初詣に行き、新しい年に家族皆健康で幸せであるよう祈ります。能における《翁》にはそのような願いも込められているのではないかと思います。《翁》はお正月に演じられることが多いようですが、新年以外にも大切な祝賀などの折に上演されます。

　《翁》は「能にして能にあらず」「能にして能にあらざる曲」などと言われます。他のどの能とも異なる特徴があり、明確なストーリーのようなものはなく、天下泰平、国土安穏、五穀豊穣を願う儀式のようでもあります。「神事能」と言われる所以ですね。

　今年（2022年）のお正月に学生と一緒に、数年ぶりに師匠の演じる《翁》を観ました。言葉にできない美しい宝物をいただいた心持ちになりました。このような心を忘れてはいけないなあとつくづく思いました。《翁》を観ると心

25

身すっかり清められた感じがして、背筋がピンと伸び、今年も頑張ろうという力をいただきます。そのような大切な演目だと思います。お正月には《翁》を観ましょう！

　現在演じられている能は五つに分類されますが、《翁》はそのどれにも属しません。能の源流を伝えるとも言われています。ではどのような特徴が普段演じられる能と異なるのか？　以下に《翁》の特徴などを整理して述べてみます。

【《翁》の特徴——開演前の準備から】

○他の能と異なる特別な特徴

- ・「別火」（精進潔斎）——翁を演じる役者は、一定期間精進潔斎、つまり肉食や飲酒をせず、家族とは別の火で煮炊きした食べ物をとる「別火」という習慣がある。
- ・能舞台の上のほうに、舞台を囲むように注連縄が張ってある——一種の結界
- ・鏡の間に「翁飾り」と呼ばれる祭壇——舞台で使う面（翁の白式尉と三番叟の黒式尉）を収めた面箱、使用する扇、洗米、お神酒、粗塩などを飾る。開演前に鏡の間で決められた手順に従いお清めをする。観客からは見えないが、神事としての《翁》上演にとって欠かせない大切な儀式。楽屋や鏡の間にも神聖で厳粛な空気が満ちるという。
- ・「切り火」——開演前に火打石によるお清めをする。後見という役が出演者全員に切り火のお清めをした後、揚幕に注目すると、後見が手を出して見所つまり客席に向かっても「カチカチ」と火打石によるお清めをする。
- ・出立——翁や三番叟など主要な役以外の演者、つまり地謡や囃子方も侍烏帽子・裃・長袴という出立。
- ・翁の出立——翁烏帽子、青色系や浅葱色系の狩衣、指貫（裾をひもで絞るようにした袴）
  翁扇（蓬莱山図を描いた扇）——《翁》のシテが用いる扇。流派によって絵柄が異なる。観世流では海に浮かぶ亀の背中に松竹橘、上空に鶴が飛ぶ（小林・西・羽田　2012, p.135）。蓬莱山は、中国古代の伝説にある、不老不死の仙人が住む霊山。

【《翁》の特徴──開演後】

○《翁》の構成　＊物語性はほとんどない

　　観世流の場合　登場人物四人──**翁、千歳、三番叟、面箱持ち**

　［前半］　千歳の舞、翁の舞

　［後半］　三番叟の舞（揉の段、鈴の段）

　　舞の中には**足拍子**が多く出てくる。これは神楽の反閇のような意味もあると言われる。つまり魔を鎮めたり、地霊をなぐさめたり、大地を踏み固め祝福や豊穣を呼ぶような意味もあると言われる。

　　揚幕から、面箱持ち（狂言方）を先頭に翁太夫（シテ方）、千歳（シテ方）、三番叟（狂言方）が続き、囃子方、地謡方が続いて登場する。

○地謡が揚幕から登場し、地謡座ではなく囃子方の後ろに着座する。

○小鼓が通常の能では一人、《翁》では三人

○直面で舞台に入った翁太夫は正先に座り一礼

　他の能では「礼」をすることはない。この礼は観客への礼ではなくこれから呼び出す神への礼と言われる。

　＊以上三つの○印は通常の能と異なる点

○千歳の舞──舞台を清める露払い的な舞

　＊この間に翁太夫は舞台上で面を付け神の姿になる。

○翁の舞──白式尉の面を付け天下泰平、国土安穏を祈る。

○三番叟の舞──五穀豊穣を祈る二つの部分から構成される。

　・揉の段──躍動的な舞、魔を払い舞台を清める。

　・鈴の段──黒式尉の面を付け、鈴を持ち五穀豊穣を祈る。鈴を振り種をまくような動作をする。

○式三番──古くは、翁・父の尉・三番叟の三番で構成され、三人の翁で演じた。これが「式三番」と呼ばれる所以

○古態を伝える両手を張ったカマエ──今でも黒川能（山形県）ではこのカマエで舞う。

○翁と地謡との謡の掛け合い

　　＊《翁》を素謡として演じる場合は《神歌》と呼ぶ（謡本にもそのタイトルが記されている）

27

翁　〽とうとうたらりたらりら　たらりあがりらららりとう

地謡　〽ちりやたらりたらりら　たらりあがりらららりとう

　　＊呪文的なものと言われる

翁　〽所千代までおはしませ　……　長寿を祝するうたなどが謡われる。

千歳　〽鳴るは滝の水　鳴るは滝の水……　→このあと千歳の舞が始まる。

　　＊「鳴るは滝の水……」は中世に流行した歌で、能《安宅》や歌舞伎
　　　《勧進帳》にも出てくる。

○《翁》は世阿弥の時代から演じられていたことがわかっている。
　『申楽談義』で世阿弥が「申楽の舞とは、いづれを取り立てて申べきならば、
　此道の根本なるがゆへに、翁の舞を申べきか。又、謡の根本を申さば、翁の
　神楽歌を申べきか（申楽の舞の根本は翁の舞、謡の根本は翁の神楽歌という
　ことだろう）」（表・加藤　1974, p.260）と述べている。

　以上、《翁》については、主に西野春雄・羽田昶（1987）『能・狂言事典』（平
凡社）、小林康治・森田拾史郎（1999）『能・狂言図典』（小学館）、小林責・
西哲生・羽田昶（2012）『能楽大辞典』（筑摩書房）などより。

第2章

ストーリーから追う能──今月はこの能

「ストーリーから追う能」と題して、本章ではストーリーに着目し、詞章をあげながら鑑賞のポイントを解説していきます。取り上げる能は、季節や「何月ならこの能」という観点から選んでいます。

能には、上演に際して、例えば《羽衣》は春、《紅葉狩》は秋というように、この能はこの季節に上演するという考え方があります。観世流では「謡曲等級季節表」というものが、謡の百番集（観世左近　1968など）という本に載っています。この表に、能の各演目に対して「何月」という表記がされています。といっても、これは旧暦のことなので、例えば「七月」と書いてあったら八月の立秋を過ぎたぐらい、初秋の頃と考えればよいでしょう。この表には「季不知」つまり、決まった季節がない能（謡本には「不定」と記されています）もあります。

1月　能《鶴亀》── 鶴と亀が皇帝に長寿をさずける
平和で豊かな世がずっと続くように

能《鶴亀》は、観世流の謡曲季節表では「正月」の能として取り上げられていて、大変おめでたい内容です。謡のお稽古をなさったことがある方なら、入門してすぐ習う曲なので、ご存知ではないでしょうか。

シテは皇帝。この皇帝は数々の戦に勝ち、とても強い皇帝なのですね。徳が高く、威厳に満ち、国を治めることにもたけた皇帝なのでしょう。人々が平和に豊かに幸せに暮らす世が続いているので、鶴と亀の神様のような存在が出てきて皇帝に長寿をさずけます。豊かで平和な世がずっと続いていってほしいという願いはいつの世にも普遍的なものですが、この能にもそのような願いが込められていると言えるでしょう。

現行の能では一番詞章の短い曲です。例えば観世流では初心謡本というのがありますが、その上巻の最初の曲で、謡のお稽古で初心者が最初に習うのがこの《鶴亀》です。謡だけ謡うなら、一番短い曲ですが、能としてフルに演じると、鶴と亀の〈中ノ舞〉と、皇帝の〈楽〉という舞もあるので、それなりの長さの能となります。

30　第2章　ストーリーから追う能—今月はこの能

登場人物などは以下の通り。一場物(p.137)の大変シンプルな構成の能です。

☆《鶴亀》　＊喜多流では《月宮殿》

登場人物	シテ：皇帝
	ツレ：鶴、亀
	ワキ：大臣　　ワキツレ：従臣
	アイ（狂言方（狂言師が演じます））：官人
場所	唐土
季節	正月
曲柄 1)	初番目物

鑑賞のポイントなど見ていきましょう。

○作り物が運ばれる　一畳台の上に引立大宮

　囃子方と地謡方が着座すると、後見が一畳台を舞台に運び込み、囃子方の前に置きます。そして、その上に引立大宮という、四本の細い柱の上に屋根のついたものを乗せます。舞台が一気に華やかになります。このあとに登場する皇帝がここに座ります。

○狂言方口開　皇帝（シテ）が大臣と従臣（ワキ、ワキツレ）を従えて登場

　まず、「狂言口開」と謡本にも書いてあるように、官人（アイ）の台詞で始まります。皇帝に仕える官人は皇帝の御代をことほぎ、四季の節会の初めに皇帝は不老門にお出ましになり舞楽を奏され、鶴と亀も参内して舞い遊ぶ。今年もその時期となったので、老若共に残らず出でて拝するようにとふれまわり、退場します。

　そのあとに直ぐシテの皇帝が登場します。多くの能ではワキが登場して名乗ったり状況説明などをしたりすることが多いのですが、ここでは皇帝が登場。多くのシテは面をかけていますが、このシテは直面、面無しの役です。頭には唐冠を戴いています（古代中国の冠の形を取り入れたと言われています）。

　能の詞章には出てこないのですが、この皇帝は玄宗皇帝であることがわかっています。能のタイトルは《鶴亀》ですが、喜多流では「月宮殿」といいます。そしてこの能には「玄宗」という別名もあります。玄宗皇帝のことですね。

　その皇帝が最初に謡います。「〽それ青陽の春になれば 四季の節会の事始

31

め」。「青陽」とは春のこと、特に初春、正月のことで、新年の晴れ晴れと清々しい気に満ちた季節に、「四季の節会の事始め」つまり、四季の行事の始まりとして正月の行事がある、というわけです。その様子は実に壮大で、皇帝が姿を現すと、多くの役人や大臣たちが「〽袖を連ね踵を接いで」、前後左右隙間もないほどにびっしりと並んでいる。その数は「〽一億百余人」、一億百人を越えるというのですから、すごい光景ですね。そういう場面から始まります。

宮殿の庭の様子も描写されています。「〽庭の砂は金銀の」、庭の砂には金銀の珠玉を連ねて敷き詰め、「〽池の汀の鶴亀は蓬莱山も外ならず」池の水際には鶴と亀がいて、その景色はあの蓬莱山、中国の伝説上の神聖な山で仙人が住み、壮麗な宮殿があると言われているところです。皇帝が住んでいるこの宮殿もその蓬莱山のように素晴らしいということなのですね。

そして、「〽君の恵みぞありがたき」と謡われ、皇帝の恵みはまことにありがたいものだと、皆そのように心から思うのだというわけです。

○鶴と亀が登場　〈中ノ舞〉を相舞で舞う

続く場面で、鶴と亀が登場します。鶴も亀も頭に鶴と亀をかたどった冠をかぶっています。「鶴は千年、亀は万年」と言われるように長寿の象徴でもありますね。ワキの大臣が、毎年この行事で行っているように鶴と亀に舞を舞わせて、そのあとに月宮殿にて舞楽をなさいませと言います。月宮殿とは、月の都にあるという伝説で知られる、天人たちが住む美しい宮殿のことで、そのような宮殿に例えて、皇帝の宮殿の一つをそう呼んでいるのです。

さて、鶴と亀が〈中ノ舞〉という舞を「相舞」で舞います。「相舞」とは複数の演者が揃って同じ舞を舞うことを言います。ここでは鶴と亀が二人で舞います。まさに大変おめでたいシーンです。

能《鶴亀》では、鶴と亀の役を子方が、つまり子供が演じることもよくあります（子方は直面（素顔））。やはりおめでたい機会に、例えば、皇帝役のシテの方の何かの記念の機会に、お孫さんが鶴と亀の役を演じて共演するというようなこともあります。

○皇帝の舞　〈楽〉

鶴と亀の舞に皇帝もおおいに喜んで、自ら〈楽〉という舞を舞います。〈楽〉

は中国に題材をとった能の中でよく舞われる舞です。皇帝の舞なので、威厳たっぷりと堂々と重々しく、祝賀の雰囲気をもって舞います。

　シテが持っているのは、唐団扇といって、ひょうたん型の中国風の団扇です。謡本には「長サ二尺六寸程」とあるので、手で持つところも合せて1メートル弱、「枠に紗を張り、すべて美しき彩色あり」と書かれているので、紗という薄い織の布が枠に張ってあり美しい彩色がほどこされているものです。相撲の行司さんが持っている軍配と似たような大きさ、形ですが、行司さんの軍配は木でできているそうです。

○皇帝は月宮殿から長生殿へお帰りになる

　いよいよ最後の場面。仕舞《鶴亀》として演じられる部分です。仕舞とは能の見どころをシテと地謡だけで演じる上演形式です。仕舞《鶴亀》は、短いですが、能の基本の型で構成されています。

　月宮殿で殿上人たちがまるで天人のように優雅に舞います。美しい言葉がたくさん出てきてこの場面の華やかさを彩ります。詞章の中に「〽霓裳羽衣の曲」というのが出てきますが、これは、玄宗皇帝自身がつくったとされる曲で、楊貴妃が得意としたと伝えられている舞です。「霓裳」とは、天人が着ているという虹のように美しい衣のことです。そのような美しい衣をまとった人々の舞が次々と舞われ、「〽山河草木国土豊かに千代萬代と舞ひ給へば」、神羅万象国土豊かにずっとこの良い時代が続いて栄えるようにと祝賀の場面が盛り上がり、皇帝は御輿に乗り「〽君の齢も長生殿に」、君が長生きなさるという名前のついた御殿、長生殿へ「〽還御なるこそめでたけれ」、お帰りになったことはまことにめでたいという詞章で終わります。

注

1) 能は次の通り五つに分類されます。《翁》は五つのどれにも分類されません。

①初番目物（脇能物）

　神様がシテのことが多いので「神能」とも言われます。人間に祝福をもたらす、祝言性豊かな内容です。《高砂》《老松》《西王母》《嵐山》など。

②二番目物（修羅物）

　戦で無念の最期をとげた武将が修羅道に落ちた苦しみを訴えるところから、「修羅物」や「修羅能」と呼ばれます。《箙》《忠度》《清経》《敦盛》など。

③三番目物（鬘物）

貴婦人や遊女、草木の精、天人などが優美な舞を舞うのが大きな特徴です。能の代表的な名曲と言えるものがここに分類されています。《井筒》《東北》《野宮》《羽衣》《松風》《関寺小町》など。

④四番目物（雑能物）

初番目物、二番目物、三番目物、五番目物のいずれにも分類されない能。多彩なテーマが見られます。《桜川》《隅田川》《天鼓》《砧》《景清》など。

⑤五番目物（切能物）

一日の最後に演じられる能が分類されています。鬼神や天狗、獅子などがテンポよく活躍し、ダイナミックな舞や演技を披露します。《大江山》《野守》《土蜘蛛》《融》《船弁慶》《石橋》など。

２月　能《胡蝶》── 梅の花との縁を得て喜ぶ胡蝶の精の物語

　ストーリーから追う能、今月は《胡蝶》という能を取り上げます。観世流の謡曲季節表では二月の能で、早春の梅の花の景色から始まります。

　シテは胡蝶、つまり蝶々ですね。最初は女の姿で現れ、私は実は胡蝶の精ですと正体を現し、こう言います。「春夏秋と花に縁の深い身であるのに、まだ寒さの残る早春に咲く梅の花には縁がない」と。後半の場面で胡蝶の願いが叶えられ、ついに梅の花と出会うことができ、喜びの舞を舞うという結末です。能にはこんなにファンタジックなお話があるのですね。とてもシンプルで優雅な物語で、視覚的にも大変美しい能です。

☆《胡蝶》

作者　　　　観世信光　＊《船弁慶》や《紅葉狩》の作者です。
　　　　　　亡霊や鬼が出てくるスペクタクル的な作風で知られる能作者ですが、このような典雅な作風の能もつくっています。

登場人物　　前ジテ：里の女　後ジテ：胡蝶の精
　　　　　　ワキ：旅の僧　　ワキツレ：同行の僧（二、三人）
　　　　　　アイ：土地の者

場所　　　　京都　一条大宮

季節	二月
曲柄	三番目物

　鑑賞のポイントなど見ていきましょう。

○作り物が運ばれる

　囃子方と地謡方が着座すると、後見が舞台中央、前の方に紅梅の作り物を運び込みます。謡本には「梅立木丸台」と書かれていて、「直径三尺の丸台輪に、梅花の木を樹て、舞台正面先に出し据う（すえるという意味）。他に用いず」と説明があります。この能だけに使われる作り物なのですね。

○旅の僧（ワキ）、その従者の僧たち（ワキツレ）登場

　春ののどかな風景の旅の道。「〽これは和州三吉野の奥に山居の僧にて候（私たちは吉野の奥に住む僧です）」と名乗ります。吉野の高い山の方にはまだ雪が残っているけれど、「花の都」の名所を見物したいと思ってやってきましたと言います。

　一行は一条大宮に到着し、古い宮に今を盛りと咲く見事な梅の花を見つけ、しばらく眺めましょうと立ち寄ります。

○里の女（前ジテ）登場

　その土地の人らしい女、里の女が現れ、僧たちに呼びかけ、古い宮の由緒を語り始めます。さらに、女は、ここは、身分の高い方々が春ごとに訪れ花を眺めながら「〽詩歌管絃の御遊を催し」ている場所ですから、よく心にとどめてご覧なさいませと言うのでした。

○女は正体を明かし、昔語りをして姿を消す

　僧は、由緒ある花の名所を見ることができて嬉しいことだと言いつつ、「〽さてさて御身は如何なる人ぞ　御名を名のり給ふべし」と女に問いかけます。なんだか不思議な女だなあと思うのですね。女は直ぐにはそれに答えず、歌で返します。「〽梅が香に昔を問へば春の月　答へぬ影も我が袖に」という古歌を引くのですね。この歌は新古今集の藤原家隆の歌で「梅が香に昔を問へば春の月　答へぬ影ぞ袖にうつれる」。詞章では「〽答へぬ影もわが袖に」となってい

35

ますが、下の句は「答へぬ影ぞ袖にうつれる」。「梅の香りに誘われ、昔を春の月に問えば、答えはなく、月の影のみ袖に映るよ」というこの歌の通り、私も答えませんというわけです。

　僧と問答を重ねるうちに、女は「〻真は我は人間にあらず」、胡蝶の精霊なのですと正体を明かし、「〻深き望みのある身なり」と言うのですね。その望みとは何かというと……。胡蝶は、昔から梅の花に縁がないことを嘆き、春が来るごとに悲しみの涙を流していたと。だからこのように姿を変えて、僧に言葉を交わさせていただいたのです、と訴えるのでした。

　『源氏物語』の「胡蝶」の巻の物語に沿って、能の詞章では「〻御舟に飾る金銀の瓶に挿す山吹の 襲の衣をかけ給ふ」といような美しい言葉が謡われます。

　そして、胡蝶は僧に、有難い法華経を読んでいただき極楽往生をさせていただけるよう、望みをかなえていただけるよう、お願いいたしますと頼み、「私は夢の中に必ず姿を現しますから」と言って「夕べの空に」夢かと思うように消えてしまいます。[中入り]

○所の者（アイ）の語り

　所の者が登場し僧に話しかけ、僧に問われるままに、このお宮や梅の花のいわれについて語ります。

○胡蝶の精霊（後ジテ）登場

　僧はお経を読んで、月の光に映える梅の花の下で、胡蝶に言われた通り眠りにつきます。すると、夢枕に胡蝶の精が「〻ありがたやこの妙典の功力に引かれ（法華経の功徳の力にひかれ）」と、本当に僧の夢に現れるのですね。

　後ジテの胡蝶の姿でひときわ目につくのは、冠です。「胡蝶の天冠」と謡本に書かれていて、冠の上に蝶々をかたどったものが乗っています。そして、装束で特徴的なのは、長絹という着物で、上に着る薄い上着のようなもので、両胸と両袖に露という組みひもがついています。

○〈中ノ舞〉　夜明けとともに胡蝶は消える

　胡蝶の精は梅の花の間を飛びまわり、喜びの舞を舞うのでした。最後の場面の見どころとして〈中ノ舞〉という舞が舞われます。ついに願いがかなった嬉

しさが表現されます。胡蝶は僧の有難いお経のおかげで望みがかない成仏できる喜びを語り、「ヽ歌舞の菩薩の舞乃姿」を見せながら、明け行く空の、春霞に紛れて消えていくのでした。めでたしめでたし、というエンディングです。

３月　能《鞍馬天狗》── 牛若丸（源義経）と鞍馬の大天狗の 出会い

　今月は《鞍馬天狗》を取り上げます。観世流の謡曲季節表では三月の能で、実はつい先日東京でこの能を観てきました。花見の場面から始まり、お稚児さん役の子方、幼稚園から小学校低学年くらいでしょうか。小さな子供が８人、赤い着物と稚児袴という長袴のような装束で、とてもかわいかったです。

　前ジテは山伏。実は天狗が化けていて、後ジテは天狗の姿で現れます。源義経は、子供の頃に、鞍馬の山で天狗たちと日々稽古して数々の武術や兵法を教わったと伝えられています。人間離れした武芸を身に付けた源氏の武将として、のちに平家を滅ぼす主要人物となるわけですね。平家の全盛時代から源氏へと、時代が動いていく。そのような歴史の中のこともこの能の背景となっています。

☆《鞍馬天狗》
　　登場人物　　前ジテ：山伏　後ジテ：天狗
　　　　　　　　ワキ：僧　　ワキツレ：同行の僧（二、三人）
　　　　　　　　前子方：牛若丸と稚児数人
　　　　　　　　後子方：牛若丸
　　　　　　　　アイ：能力、木葉天狗
　　場所　　　　京都　鞍馬山（現在の京都市左京区鞍馬本町）
　　季節　　　　三月
　　曲柄　　　　五番目物

　鑑賞のポイントなど見ていきましょう。
○前ジテ登場
　囃子方と地謡方が着座すると、前ジテの山伏、実は「大天狗」と謡本にあと

で出てきますが、最初は山伏の姿で登場します。この能は前ジテの名のりで始まります。「〽かやうに候者は 鞍馬の奥僧正が谷に住居する客僧にて候」。鞍馬の山奥、僧正が谷というところは、天狗が住んでいたという言い伝えがあります。「客僧」は山伏の異名。修行をしている僧のことですね。そして、この鞍馬寺で花見があると聞いたので、私も眺めたいと思いやってきました、と言います。

そこに狂言方の能力、つまり寺につかえる男が登場し次のように言います。毎年花見が行われるが今年は一段と見事に桜が咲いている。寺のえらいお坊様の誘いの手紙を持って西谷から東谷へ行くところです、と。

○僧（ワキ）、その従者の僧たち（ワキツレ）、牛若丸と稚児（子方）登場

誘いを受けた僧たち、ワキとワキツレと、子方の牛若丸と稚児たちが登場します。一行は揚幕から出てくると橋掛りにずらりと並びます。子供たちがとてもかわいく、花見のウキウキした気分も盛り上がります。一行が本舞台に移動すると、早速花見の酒宴が始まります。

○ワキと子方の退場

寺の男が一さし舞うところに、見知らぬ山伏が現れたので、みんなびっくりして警戒します。これは不審者ではないか。源平両家の稚児たちがいるので、何かあっては大変と、僧たちは、花見は明日にしましょうと言って、稚児を連れあっという間に立ち去ってしまうのでした。

○牛若丸（子方）と山伏（前ジテ）の交流

一行が去ったあとにひとり、少年が残っています。それが牛若丸、この能の中では「沙那王」という名で出てきます。義経の子供の頃の名前の一つですね。山伏は、花見の場に貴賤親疎はない、つまり、身分の高い低いとか、関係が親しいとか疎遠だとかは関係ないと言われているのに、浮世から遠いこの鞍馬寺ではそれは通じないのか。ご本尊が慈悲深い多聞天であるのに、慈悲のないことだと嘆きます。

すると、沙那王も、自分にも親しい者はいない、一緒に花見をしましょうと山伏に声をかけます。そして、身の上話をするのでした。先ほどの稚児た

38　第2章　ストーリーから追う能—今月はこの能

は平家の一門、今を時めく花のよう。私も同じ寺にいますが、「ヽ月にも花にも捨てられて候」と孤独な身の上なのだと語るうちに、山伏は気づくのですね。この少年は、平治の乱で敗れた源義朝を父とし、常磐御前を母として、毘沙門の「沙」の字をとって沙那王と名づけられたお方だと。なんといたわしいこと、と山伏は沙那王の境遇に深く心を寄せるのでした。

　山伏は沙那王を連れて、夕暮れの山々の花の風景をめぐります。沙那王は、こんなにも親身になってくれる山伏に「ヽ御名を名のりおはしませ」と言います。すると山伏は「ヽ我この山に年経たる　大天狗は我なり」と正体を明かすのでした。そして、あなたは兵法の奥義を受けて平家を滅ぼすべき人なのだと言い、明日また会おうと言い残し「ヽ谷を分けて雲を踏んで」飛び去っていくのでした。［中入り］

○木葉天狗（アイ）の語り

　アイの木葉天狗という小天狗たちが登場します。大天狗の命により、沙那王の稽古のために呼ばれたのでした。沙那王の稽古の相手をするのだと言いながら稽古の場へ向かいます。

○沙那王（子方）と天狗（後ジテ）登場

　翌日、沙那王が長刀を手に勇ましい装束で待っていると、約束通り天狗が本来の姿で現れます。羽団扇という持ち物が特徴的です。天狗に続いてそのあたりの山々と他の天狗たちの名前が読み上げられます。実際に舞台上にいるのは天狗一人だけなのですが、たくさんの天狗たちが勢ぞろいしている様子が謡によって描写されます。奥義が伝授されるのを見届けようというわけです。

○天狗（後ジテ）は中国の張良の故事を語り、兵法の奥義を授ける

　天狗は、さきほどつかわした木葉天狗との稽古のことを沙那王にたずねます。沙那王は、大切な師匠の家臣たちを傷つけてはいけないと思い、手加減したのだと話します。天狗は、自分のことを師匠と思い大事にしてくれることに感心し、中国の故事を語ります。昔、漢の高祖の臣下の張良が仙人の黄石公の沓を拾ってはかせ、兵法の奥義を授けられたというお話です。同じように、天狗は

39

沙那王に兵法の秘伝を残らず伝授したのでした。

○ 〈舞働〉 沙那王の活躍を予言し去っていく天狗
　いよいよこの能の最後の見せどころとなります。天狗は、威厳をもって豪快に、〈舞働〉という囃子の音楽による舞を見せ、沙那王が平家を滅ぼすことを予言し、その身を守護することを約束します。沙那王は、去っていこうとする天狗の袖にすがりつき別れを惜しみます。天狗も、名残り惜しいことだが、合戦においても影のようにつき従って守り支えましょうと言うと、夕影の鞍馬山の「〽梢に翔つて失せにけり」と、樹々の彼方へ消え去っていくのでした。

　冒頭でちょっと述べましたが、先日北海道教育大学釧路校の音楽教育実践分野の学生たちと研究のために歌舞伎とミュージカルと能狂言を比較鑑賞したのですが、ミュージカルは劇団四季の《バケモノの子》だったのです。それで、能《鞍馬天狗》とどこか筋が重なると学生が言うのですね。つまり、人間ではない、異形の異世界の存在から稽古をつけてもらい特殊能力をさずかるという。人間の力をはるかに超えた存在と関わり、心通わせることで不思議なことが起きるというのは、物語のテーマとしてはるか昔から存在し、現代人の私たちにも響くことなのかもしれません。

4月　能《羽衣》——三保の松原の春の景色は天界のよう

　「初めて能を観る人にすすめたい能ランキング」というのがあるなら、必ず上位に入る能でしょう。音楽の教科書にも載っているので、授業で学習したことがあるという方もいらっしゃるのではないでしょうか。全国に伝わる羽衣伝説によって、ストーリーはご存知かもしれません。物語にはいろいろなバージョンがあり、天界から降りてきた天女が人間と結婚するという内容もありますが、能では、天女はもとの世界に帰ります。
　物語は、天女が三保の松原の美しい風景にひかれて、地上に降りてくるところから始まります。天女が松の枝に羽衣をかけて水浴びをしていると、漁師が

40　第2章　ストーリーから追う能—今月はこの能

家宝にしようとその衣を持って帰ろうとする。天女は「その衣がなければ私は天界に帰ることができません」と言って泣くので、漁師が衣を返すと、天女は羽衣をまとい、有名な天女の舞を見せながら空高く舞い上がり「〽霞に紛れて失せにけり」という結末です。

　富士山を背景とした春の三保の松原の美しい風景の中に、これまたこの世のものとは思えない美しい天女が天の羽衣をまとって現れ、人間たちとほんのひと時会話を交わし、天女の舞を舞いながら天上世界へ帰っていくという物語。空と海と富士山という壮大なスケールの絶景の中に、天女が舞い飛び、やがて見えなくなってしまうという。私は、仕舞や舞囃子で《羽衣》を舞うといつも、最後の場面で、なんとなく寂しいなあ、名残惜しいなあと思ってしまいます。

☆《羽衣》

登場人物	シテ：天女　ワキ：白龍という名の漁師
	ワキツレ：白龍の仲間の漁師（二人）
場所	駿河の国　三保の松原（現在の静岡県静岡市清水区三保）
	＊「富士山世界文化遺産構成資産」（ユネスコ世界遺産2013年登録）の一つ　山梨、静岡両県合わせて25件
季節	三月
曲柄	三番目物
作り物	松の立木　その枝に美しい衣（長絹という装束）がかけてある

　詞章に注目してこの能の鑑賞ポイントを見てみましょう。

○雨があがった朝霞の浦、白龍たちが漁を終えて陸にあがると、「〽虚空に花降り音楽きこえ　霊香四方に薫ず」と詞章にあるので、空から花が降り、音楽が聴こえ、よい香りが辺り一面に香っている。天人が現れる時によくこのような描写がされます。それで、白龍が、ふと松の枝を見るとこの世のものとは思えない、輝くような美しい衣がかけてあるのでした。

　白龍が持ち帰って家の宝にしようと思うと、天女の声がします。

○「〽なうその衣は此方のにて候」、それは私の衣ですと呼びかける声が。「なう」は「のーーー」と読みます。能では、開いた揚幕の向こうから静かに呼び

41

掛ける声が聞こえてくるという演出です。白龍は、これは拾った衣だと主張します。水浴びをしていた天女は、それはたやすく人間に与えるようなものではないので元の通りに戻すようにと言うので、白龍は、なんとこれは天女の衣かと気づき、最初は返そうとしません。天女が、それがなければ飛ぶこともできず、天上界に帰ることもできないと泣くので、白龍はかわいそうに思い返すことにするのでした。

○白龍は、衣を返すかわりに有名な天人の舞楽を所望します。ところが、天女が喜ぶ姿を見て、この衣を返したら舞を舞わずに天に帰ってしまうのではないかという疑念を抱きます。すると、「へいや疑ひは人間にあり 天に偽（いつわ）りなきものを」。けがれなき美しいおとめの天女が言うことなので説得力がありますね。白龍が素直に、お恥ずかしい、ごめんなさい、と衣を返すところも清々しいです。天女は羽衣をまとい舞い始め、これこそ東遊（あずまあそび）の駿河舞（するがまい）（東遊は東国の風俗歌に合わせて舞う古代舞曲。駿河舞は東遊の一つ）として後世に伝えられたものだと言います。

　天女は舞を舞いながらいろいろな物語を語ります。その中の一つに面白いお話があります。

○「へ白衣黒衣（ビャクエコクエ）の天人の 数（カズ）を三五（サンゴ）に分（ワカ）つて 一月（イチゲツ）夜々（ヤヤ）の天少女（アマヲトメ） 奉仕（ホオジ）を定（サダ）め役（ヤク）をなす 我（カズ）も数ある天少女（アマヲトメ） 月の桂（カツラ）の身を分けて仮（カリ）に東（アヅマ）の 駿河舞（スルガマイ） 世に伝（ツタ）へたる曲（キョク）とかや」

　月の宮につとめる天人は総勢三十人。白衣と黒衣の天人は十五人ずついて、常に十五人が月の宮に奉仕しています。天人が一人ずつ入れ替わっていくのですね。それで白衣が十五人になると満月、黒衣が十五人になると新月の闇夜というわけです。

○「へ春霞（ハルガスミ）たなびきにけり久方（ヒサカタ）の 月の桂（カツラ）の花や咲（サ）く」（クセ）
「春霞たなびきにけり久方の月の桂も花や咲くらむ」は紀貫之の歌（後撰集）。詞章にも美しい言葉がたくさんちりばめられています。四季折々の景色の美しいこの三保の松原でもとりわけ美しくのどかな春の浦に、天の羽衣をまとった天女が舞うと、「へ笙 笛 琴箜篌（ショオチャクキンクゴ）」による音楽があたりに響きわたり、「へ落日（ラクジツ）

42　第2章　ストーリーから追う能—今月はこの能

のくれなゐは蘇命路の山をうつして」、夕陽が富士の高嶺を染めて、辺りはますます美しく妙なる空気に満ち満ちるという、マジックアワーとなります。

○最後の見せ場　シテの〈序ノ舞〉〈破ノ舞〉　天女の願い　祝福　視点の面白さ

　天女は地上にたくさんの宝を降らし、国土安穏と人々の幸せを願いつつ、富士の高嶺のさらに遠くの空高く昇っていきます。だんだんとその姿がかすかになり、ついに空の霞に紛れて見えなくなってしまうのでした。地上からは、白龍たちがずっと空を眺めていつまでも見送るのでした。

　最後の場面で、天女は富士の高嶺までビューっと飛び上がり、そこから地上を見ている、そういうスケール感、スピード感や、空間の感覚、距離感のようなものも感じられます。

　人間の力では及ばない、人間の感覚を超越した時空間というか。そのような面白さもこの能にはあるのではないかと思います。そしてまた、「天に偽りなきものを」と天女が言う。人間界には「偽り」があります。人間は嘘もつくし、人をだましたり、ねたんだり憎んだり。そういう面もあるけれど、どこまでも純粋で嘘偽りのない、天人のような曇りない美しい心を持って生きたいものだ、という願いのようなものもこの能から感じるのです。

5月　能《葵上》── 六条御息所、悲しく美しい鬼となる

　今月は《葵上》を取り上げましょう。『源氏物語』の「葵」の巻に基づく物語です。古文の授業などでも取り上げられることが多いので、ご存知の方もいらっしゃるのではないでしょうか。私はたしか高校の古文の授業で読んだと記憶していますが、「生霊」というものがお化けとか幽霊とかよりも、得体の知れない存在でモノスゴク怖いなあと思ったことが忘れられません。

　葵上という女性は光源氏の正妻なのですが、源氏には他にも愛人が何人もいるのですね。その一人である六条御息所の生霊が、葵上に取り付いて呪い殺してしまうという、恐ろしいお話です。

☆《葵上》

登場人物	シテ：六条御息所の生霊　ツレ：照日の巫女
	ワキ：横川小聖　ワキツレ：臣下
	アイ：臣下の下人
場所	京都
季節	季不知（不定）
曲柄	四番目物

　葵上は人物としては登場しませんが、小袖という着物が舞台正面の前のほうに置かれ、病に臥せっている葵上を表しています。

　朱雀院の臣下（ワキツレ）の名乗りから始まります。謡本には「すざくいん」ではなく「シュジャクキン」とフリガナがふってあります。（●印──謡本より　◎印──現代語訳）

●（ワキツレ）〽これは朱雀院に仕へ奉る臣下なり

◎［臣下］私は朱雀院にお仕えする家臣です。

●〽さても左大臣の御息女　葵の上の御物怪　以つての外に御座候　程に　貴僧高僧を請じ申され　大法秘法医療様々の御事にて候へども　更にその験なし

◎左大臣のお嬢さんの葵上に取りついたもののけは、途方もないものなので、仏法に通じたすぐれたお坊様たちを招いて、秘伝のご祈祷や治療を試みているのですが、効き目がありません。

●〽ここに照日の巫女とて隠れなき梓の上手の候を召して　生霊死霊の間を梓に掛けさせ申せとの御事にて候程に　この由申しつけばやと存じ候

◎そこで、照日の巫女という、祈祷の名人を呼んで、葵上に取りついているのが生霊なのか、それとも死んでいる亡霊なのか、見極めさせようということになりました。そのことを申しつけたいと思います。

　梓とか梓の弓という言葉がこの能には度々出てきますが、これは梓という木を使ってそこに弦をはった弓をかき鳴らして、霊を呼び出すという呪術の道具です。照日は梓弓の名手、つまり優れた霊媒師なのですね。照日が梓弓を鳴らし始めると、高貴で上品な雰囲気の女性が現れます。これがシテの六条御息所

の生霊ですが、まだ正体を明かしていません。ボロボロになった牛車（ぎっしゃ）に乗って現れた女性のそばには若い侍女（お付きの女）がいて、車にすがってさめざめと泣いています。若い侍女は通常の演出では登場しませんが、特別な演出で登場人物の一人として出てくることもあります。

　謡本では詳しく語られないのですが、これは源氏物語でも有名な「車争い」です。葵祭の行列に出る光源氏の姿を見たくて、六条御息所は牛車で見物に出かけます。葵上も牛車で駆けつけ場所の取り合いとなり、六条御息所の牛車は葵上の従者たちに強引に立ち退かされ、車も壊されてしまいます。詞章には「破れ車」（フリガナが「破（やぶ）れ車」となっているところもあります）という言葉が見られます。大勢の人々の前でひどいはずかしめを受けたわけです。ついに、女性は正体を明かします。

● （シテ）ヘこれは六条の御息所（ロクジョオ　ミヤスドコロ）の怨霊（ヲンリョオ）なり
◎［六条御息所］私は六条の御息所の怨霊です。
●ヘ我世（ヨ）に在（ア）りし古（イニシエ）は 雲上（ウンショオ）の花（ハナ）の宴（エン）春（ハル）の朝（アシタ）の御遊（ギョイウ）に馴（ナ）れ
◎その昔私は、宮中の花のうたげから、春の管絃の遊びにも親しんでいました。

　「怨霊」とはっきり言う六条御息所。華やかな日々を過ごしていたのに、今は源氏の愛も失いこのように哀れな身となってしまった……という悲しさ、苦しさが語られます。ところで、詞章に出てくる「花宴（はなのえん）」は『源氏物語』五十四帖のうちの巻名ですね。他にも「夕顔」「朝顔」「蓬生（よもぎう）」などの巻名が出てきます。

　さて、六条御息所は大変身分が高く、誇り高く知性や教養もある人なので、恨みや嫉妬というようなはしたない気持ちを抱いては絶対にダメとわかっているのですが、止められない。葵上に襲いかかる六条御息所を照日が必死に止めます。

● （ツレ）ヘあら浅（アサ）ましや六条（ロクジョオ）の 御息所（ミヤスドコロ）ほどの御身（オンミ）にて 後妻打（ウワナリウチ）の御（オン）ふるまひ いかでさる事（コト）の候べき ただ思（オボ）し召（メ）し止（トマ）り給（タマ）へ
◎［照日］なんということでしょう。六条御息所ほどのご身分のお方が、うわなり打ちをなさるとは。どうしてそんなことがあってよいものでしょうか。どうかおやめになってください。

45

「うわなりうち」とは、「後妻打ち」と書きます。「うわなり」は後妻を意味します。離縁された前妻が後妻を襲撃して棒などで打ち据えるという習慣が、その昔あったというのです。しかも集団で。前妻と後妻の女性たちの集団が手に手にほうきや棒などをもって争い合ったということです。

　照日の「おやめになってください」という言葉は届かず、葵上を表す小袖を六条御息所が扇で打ち据える所作をして、恨みの言葉を吐きかけます。照日もだんだん生霊の力に圧倒されてしまったのか、生霊が発した言葉をそのまま口にし、重なるように六条御息所の台詞が続きます。

● （ツレ）﹅思ひ知らずや　（シテ）思ひ知れ
◎ ［照日］思い知るがいい。
　　［六条御息所］思い知れ。
● （地謡）﹅恨めしの心や あら恨めしの心や
◎ ［地謡］恨めしい。ああなんて恨めしいわが心でしょう。
●﹅人の恨みの深くして 憂き音に泣かせ給ふとも 生きてこの世にましまさば水暗き澤辺の蛍の影よりも光君とぞ契らん
◎私がこんなにも深く恨んで、あなたが苦しい声でお泣きになったとしても、あなたはこの世に生きる限り、光る君とずっと結ばれている運命なのでしょう。

　それに引きかえこの私はなんとみじめな、という恨みや嫉妬の念が凄まじいです。六条御息所は自分が乗ってきた「破れ車」に葵上の魂を乗せて連れ去ろうとします。葵上が危篤状態になってしまったので、修行を積み強い法力を持つ、横川の小聖という修験者が呼ばれます。小聖が祈祷を始めると、鬼の姿となった六条御息所が現れます。舞台上では、シテが、着ていた唐織をさっと全身にかぶるようにして顔を隠し、舞台左の後ろのほうに一旦退きます。ここで面を付け替えます。鬼となった顔には般若の面がかけられています。般若の面は女性の嫉妬や恨みを表現した面です。六条御息所の使う面はどこか気品ある顔の鬼です。手には打ち杖を持ち、葵上に襲い掛かりますが、小聖が間に入り戦いが繰り広げられます。「祈リ（イノリ）」という囃子の音楽と、小聖が数珠をもむ音によって生霊は弱っていきます。小聖の読経で怨霊の力が衰えていき

46　第2章 ストーリーから追う能—今月はこの能

ます。

● （シテ）〽あらあら恐ろしの般若声や これまでぞ怨霊この後又も来るまじ
◎［六条御息所］ああなんと恐ろしい、読経の声でしょう。もはやこれまで。怨霊として二度とここへ来ることはないでしょう。
● （地謡）〽読誦の声を聞く時は 読誦の声を聞く時は 悪鬼心を和らげ 忍辱慈悲の姿にて 菩薩も此処に来迎す
◎読経の声を聞いて、鬼になっていた御息所の魂は浄化されました。すると慈悲深いお姿の菩薩様もお姿を現わしました。
● 〽成仏得脱の 身となり行くぞ ありがたき身となり行くぞありがたき
◎御息所が成仏の身となっていくのは、なんと有難いことでしょう。

　六条御息所の魂は浄化されました。『源氏物語』では、六条御息所は源氏の他の愛人のところにも何度か現れるのですが、能《葵上》では二度と鬼となることはなく、成仏したのでした。

＊以上、2024年6月にエフエムくしろで放送された番組「耳から楽しむ能のストーリー」より。

6月　能《水無月祓》──再会を寿ぐハッピーエンドの能

　今月は《水無月祓》という能を取り上げましょう。「水無月」とは旧暦六月のことですが、まさにその名前がタイトルに入っている能です。この《水無月祓》は上演される機会が多くはありませんが、シンプルなストーリーです。
　ところで、タイトルの《水無月祓》、「みなづきばらい」とも言いますが、「夏越の祓／夏越のはらい」の行事のことです。毎年6月30日に全国の神社で行われる、けがれを清める儀式のことです。年末の12月31日にも同じように大祓の行事が行われます。
　京都では、この夏越の祓の行事の頃に、「水無月」という和菓子を食べる習慣があるそうですね。これを食べて邪気をはらうのだそうです。白いういろう

47

の上に小豆がびっしり乗った、三角形の、涼やかで上品な味わいの和菓子です。

　さて、能《水無月祓》は、まさにこの夏越の祓が行われているその日の出来事が描かれた能です。かつて恋人同士だった男女が別れ別れになってしまいますが、再会し、めでたしめでたしという結末です。《水無月祓》は、恵みの雨が多い夏から、豊作の秋へと向かう風物詩を背景とし、賀茂の社、つまり上賀茂神社と下賀茂神社にまつわるお話です。上賀茂神社には別雷の神、雷の神様が祀られ、下賀茂神社には雷の神様の親である神様が祀られていますが、その賀茂の社を舞台とし、清らかで涼しげな御手洗川がそばに流れている、そんな清々しい風景が見えてくる能です。

☆《水無月祓》

　　登場人物　　　シテ：狂女　ワキ：都の男　アイ狂言：所の者
　　場所　　　　　京都　御手洗川の辺り（参拝者が身を清めるという）
　　　　＊賀茂御祖神社　通称下鴨神社　いつの頃からか縁結びの神様が良縁
　　　　を導くという信仰が生まれたということから、縁深く結ばれた二人が
　　　　再会するということになる。「賀茂川の後瀬しづかに後も会はん」と
　　　　謡本にあるのは万葉集の次の歌。「賀茂川の後瀬静けく後も逢はむ妹
　　　　には我は今ならずとも（賀茂川の下流の流れのようにあとで会いま
　　　　しょう。今は会えなくとも）」。以上、一部謡本の解説より。
　　季節　　　　　六月晦日（6月30日）
　　曲柄　　　　　四番目物
　　＊観世流のみ　　他の流派（宝生・金春・金剛・喜多）にはない演目

　詞章を追いながらこの能の鑑賞ポイントを見ていきましょう。

○冒頭の都の男の名ノリ

　能では、登場人物が自分の名前や境遇を説明するところから始まることがよくありますが、この能の冒頭でも、「ヽこれは下京辺に住居する者にて候　我さる子細あって播磨の国に下り　久しく室の津に逗留の間相馴れし女の候に都に上りなば　必ず迎へ妻となすべき由　堅く契約申して候」と。男の名ノリに、結婚の約束のことが語られています。

　それでついにこの女を妻として迎えようと、人を遣わしたところ、その女は

行方知れずになってしまっていたのでした。まあなんと悲しいこと、というわけです。折しも今日は夏越の祓なので、賀茂の明神に参詣して再会を願おうと思った、というところから物語がはじまります。

○狂女の登場　〈翔〉

そこに狂女が現れ、噂通り面白く歌ったり舞ったりします。その様子が〈翔〉で表現されます。〈翔〉は能の「働事」の一つで、大鼓と小鼓で囃し、笛がちょっと加わるノリの良い音楽です。男が狂女に問いかけます。

○男と狂女の対話

　　男　ヘいかにこれなる狂女……夏越の祓の謂はれこそ聞きたう候へ
　　女　ヘわらはは狂人なれども　祓の謂はれを申して聞かせ参らせ候べし

二人は言葉を交わすのですが、まだお互いのことに気づかないのですね。観客としては、ヒヤヒヤ、ワクワクというところですが、やはり狂女物なので、芸尽くしの場面が期待されているのでしょう。狂女でもあり、巫女の扮装もしているので、どこか白拍子のような趣きもあるわけです。

天照大神、詞章には「アマテルオオンガミ」となっていますが、神代の物語が語られ、夏越の祓の謂われが説明されます。昔、天照大神が「ヘ葦原の中つ国の御主」となられた折に、荒ぶる神々が、「五月蝿」と詞章にありますが夏の蝿のことです。その夏の蝿が飛び騒ぐように障りをなしたので、事代主の神がそれをおさめてお祓いになった。これが夏越の祓の始まりですと、女はそのように語ります。そして古歌を引きます。「ヘ五月蝿なすあらぶる神もおし並めて　今日は夏越の祓なるらん」。

（＊藤原長能の歌　拾遺抄　巻第二　夏　末句「祓なりけり」）

○　物着　〈中ノ舞〉

狂女の芸尽しが続きます。見ている人々から烏帽子を付けてさらに面白く舞って見せてくれと所望され、狂女はその場で烏帽子を付けます。これを「物着」と言います。舞台上で演者が扮装の一部を変えることです。狂女は烏帽子を付け白拍子のような装束になり、〈中ノ舞〉を舞います。舞い終えると、狂女は水に映った自分の姿を見て、「お歯黒や眉や髪も乱れて、あらこれは恥ず

49

かしいこと」と嘆き、その場に倒れ伏して号泣します。

○夫婦の再会

　そこでようやく男は、なんと別れ別れになっていた妻ではないかと気づくの
でした。女も、呼びかけられる声が夫の声のようだけれど最初は夢ではないか
と思いながら、よく見れば夢ではない、本当に夫が目の前にいるとわかるので
した。

　こうして再会できたのも、賀茂の明神のお導きだと、二人して「げにまこと
ありがたや」と感謝の祈りをささげ、夫婦そろって帰っていくのでした。めで
たし、めでたし、というお話でした。

　夏越の祓が導いた奇蹟とでも言いましょうか。これまでの悲しみや苦しみが
清められ、澄んだ心で、愛する人と新たな一歩を踏み出す。能では悲劇的な物
語が目立ちますが、このようなハッピーエンドのお話もあります。

7月　能《土蜘蛛》──独武者の化け物退治　名刀蜘蛛切
　　舞台に広がる蜘蛛の糸

　今月は7月の能として《土蜘蛛》を取り上げましょう。能《土蜘蛛》は比較
的上演機会の多い能です。迫力ある場面もあって、わかりやすく、見どころ満
載です。以前私は、「子供能」という形で、子供たちが演じる《土蜘蛛》を観
たことがありました。能楽師が一定期間子供たちに指導して、練習の成果を能
《土蜘蛛》として上演したものでした。土蜘蛛のお化けを退治する討伐隊を10
人くらいの子供たちが演じて、橋掛りに登場し、ずらっと並んだ姿がとてもか
わいらしく、全力で演じていて感動しました。土蜘蛛役の子供は、巣(蜘蛛の巣)
を投げまくって大喜びでした。あとでこの蜘蛛の巣のことに触れますが、土蜘
蛛の化け物がいくつも投げかける「千筋の糸」(蜘蛛の糸)が舞台上に広がって、
目で見ても楽しめる能です。

☆《土蜘蛛》

　登場人物　　　前ジテ：怪僧　後ジテ：土蜘蛛の精

50　　第2章　ストーリーから追う能─今月はこの能

ツレ：源頼光　ツレ：胡蝶（頼光に仕える侍女）

トモ：頼光の従者

ワキ：独武者（頼光の家臣）　ワキツレ：土蜘蛛退治の従者

アイ：独武者の下人

場所　　　前場：京都　頼光の邸宅　後場：古塚（土蜘蛛の塚）のある

　　　　　山奥　葛城山の方

季節　　　七月

曲柄　　　五番目物

この能の鑑賞のポイントなどをあげていきましょう。

○一畳台の設置

　囃子方が着座すると、舞台に向かって右側の脇座というところに一畳の台が
運ばれてきます。その上に葛桶という道具、円筒型の黒塗りのスツールのよう
な形のものを置き、そこに小袖をかけて、源頼光が病気で臥せっている寝所と
なります。

　源頼光（948（生年に諸説あり）〜1021）、この能では「らいこう」と呼ん
でいますが、一般に「よりみつ」で知られる人物ですね。頼光は、平安時代中
期に実在した武将で、中世の文学では非常に強い武人として有名です。大江山
の酒呑童子という鬼を退治した武勇伝で知られていますね。文学作品の中での
お話ですが。

　その頼光が、病に倒れてすっかり弱ってしまっているというところから物語
が始まります。

○胡蝶の登場

　そこに、頼光に仕える侍女の胡蝶という女性が、「〴典薬の頭より御薬を持ち」
とやってきます。典薬とはその昔の薬をつかさどるお役所のようなところ。そ
こで処方されたお薬を持ってきましたと、この胡蝶が登場します。

　頼光が、病ですっかり「〴心も弱り身も苦しみて」と言うので、胡蝶が、治
療によってよくなりますよと励ますのですが、かつての武勇で知られる姿は見
られないのでした。

51

○前ジテの登場

　胡蝶が去って夜更けになると、前ジテの、怪しげな僧が登場し、「〽いかに頼光 御心地は何と御座候ぞ」と呼びかけます。頼光は、不思議なことよ、こんな夜更けに一体だれが私をたずねてきたのか、と問うのですが、僧は答えず、「〽わが背子が来べき宵なりささがにの」という古歌を引きます。この歌は、古今集の衣通姫（そとおしひめ／そとおりひめ）の歌で、「わが背子が来べき宵なりささがにの蜘蛛のふるまひかねてしるしも」という歌です。私の愛しい人が今夜はきっと来るのでしょう。蜘蛛のふるまいからもわかるわという、恋の歌です。蜘蛛のふるまい、つまり蜘蛛が何かを予感して騒いでいるというのですが、ここでは良いことの前兆ではなく、これから不吉なことが起きるのだと。怪しい僧形の者が言っているのです。

○蜘蛛の化け物、本性を現す

　そうするうちに、僧は巨大な蜘蛛の化け物の姿となり、頼光に千筋の糸を吐きかけます。頼光は、とっさに手元にあった膝丸という剣で化け物に切りつけます。すると、蜘蛛の化け物はあっという間に逃げてしまうのでした。［中入り］

○ワキの登場

　戦う声を聞きつけ、頼光の家臣の独武者が登場します。頼光は、七尺ほど、つまり2m以上の蜘蛛の化け物が糸を吐きながら襲ってきたと独武者に伝えます。そして、危機を脱することができたのは、剣の威徳だから、これまで「膝丸」と呼んでいた剣を「蜘蛛切」と名づけようということになります。名刀「蜘蛛切」の誕生です。

　独武者が辺りを調べると、血痕が続いています。蜘蛛切に切られた蜘蛛の化け物の流した血ですね。そのあとを追って、これから討伐隊を編成して、化け物退治に向かいますと、頼光に伝えると、頼光も「〽急いで参り候へ」と命じます。

　独武者が一旦退場すると、舞台上に蜘蛛の化け物のひそむ塚をかたどった、布をかけた作り物が運び込まれます。姿は見えませんが、実は、中に後ジテが入っています。

52　　第2章　ストーリーから追う能—今月はこの能

○蜘蛛の化け物がひそむ古塚へ

　独武者とその討伐隊が山奥で古塚を見つけます。それを崩すと、中から蜘蛛の化け物が出てきます。演出としては、外側の布を後見という役の方々が取り外すと、内側には細長い白い和紙でつくられた蜘蛛の巣が張られていて、蜘蛛の化け物が中にいるのが見えます。この巣を後ジテの蜘蛛の化け物が打ち杖で破って、外に出てきます。

○蜘蛛の応戦　千筋の糸が舞台上に飛ぶ

　蜘蛛の化け物は激しく抵抗し、独武者たちに糸を吐きかけます。一進一退の戦いが続きますが、ついに「〽土蜘蛛の首打ち落し」となり、蜘蛛の化け物は退治されたのでした。

　この最後の戦いの場面で舞台上にいくつも飛び広がるのが、「巣」と呼ばれる道具です。鉛の芯に細い紐のような形の和紙が巻き付けられた形状で、一番端を持ち、上手に投げると空中にパーッと広がります。これが幾筋も舞台に飛ぶので、派手やかで迫力のある演出となります。後ジテは袖の中にこの「巣」をいくつも持っていて、間合いをみながら投げるのです。シテつまり主人公は土蜘蛛のお化けなのですが、それを退治するワキの独武者も主役のように大活躍で、最後まで目が離せません。皆さんも一度ご覧になってみてはいかがでしょうか。

8月　能《楊貴妃》──舞台は蓬莱宮　「比翼連理」の愛の物語

　「ストーリーから追う能」、8月の能として《楊貴妃》を取り上げましょう。
　ところで、「世界三大美女」と言えば誰を思い浮かべますか？　国によっても違うそうですが、日本では、クレオパトラ、楊貴妃、小野小町があげられますね。この能は、その楊貴妃がシテ、つまり主人公です。
　楊貴妃といえば玄宗皇帝（685～762）の妃として有名で、玄宗皇帝が楊貴妃を寵愛しすぎたことが原因となり安史の乱または安禄山の乱（755～763）が起きたと言われています。そのことで、楊貴妃は「傾国の美女」、つまり国

53

を傾ける美女と呼ばれています。

　能《楊貴妃》は、白居易（白楽天）の『長恨歌』によっている部分が多いので、この『長恨歌』に出てくる文言が詞章にたくさん出てきます。のちほど一部をご紹介しましょう。

　物語は、楊貴妃の死後、悲しみにくれる玄宗皇帝が彼女の霊魂の行方を家来に探させるところから始まります。この家来は、方士といって、道教の方術を使う道士という存在、魔法使いのような人ですね。それで、蓬莱国という仙人のような人たちが住むという国へこの方士が出かけていき、楊貴妃の霊を見つけ出します。能では幽霊がよく登場しますが、幽霊が登場する多くの能では、現世である舞台上に幽霊が現れるという展開となるのですが、能《楊貴妃》では、方士が異世界へ出かけていって霊に出会う、つまり、ワキが幽霊を待つのではなく、ワキが異世界へ出向いていく。舞台は異世界で私たちはそれを観ているということになります。それが能《楊貴妃》の一つの大きな特徴と言えるでしょう。

☆《楊貴妃》の登場人物など
　　作者　　　　　金春禅竹　世阿弥の娘むこ　華やかでありながら静かで神秘
　　　　　　　　　的な作風と言われている
　　登場人物　　　シテ：楊貴妃（楊貴妃の霊魂）
　　　　　　　　　ワキ：方士　道教の方術を使う道士　アイ：蓬莱国の者
　　場所　　　　　蓬莱国
　　季節　　　　　八月
　　曲柄　　　　　三番目物

　この能の鑑賞のポイントなどをあげていきましょう。
○作り物が運ばれる
　囃子方が出てきて座ると、布をかけた小宮が舞台上に運ばれてきます。これが楊貴妃の住む御殿というわけです。人が一人入れるくらいの大きさの、四本の柱の上に屋根のついた構造で、それに布がかぶせられています。この中に実はすでにシテが入っています。

　そして、ワキが登場し「〽これは唐土玄宗皇帝に仕へ申す方士にて候」と名

乗ります。そして「ﾉ上碧落下黄泉までたずね申せども　更に魂魄の在処を知らず候」つまり、上は空のずっと上の天上界から、下は地下深い黄泉の国まで探したけれど見つからない。それで、「蓬莱宮」と詞章にありますが、はるか東の海に浮かぶ仙境である蓬莱国の宮殿を探してみようと言います。

○蓬莱国に到着

　蓬莱国に到着した方士は、蓬莱国の住人であるアイと会話します。話を聞くと、ここには、「玉妃」つまり、玉のように美しい妃、そのような高貴な女性がいて、唐土にいた頃の昔のことを懐かしそうに語っているという。おお、これは楊貴妃に違いないと方士は思うのでした。

○前ジテの登場

　蓬莱宮の様子は、詞章にはこのように出てきます。「ﾉ荘厳巍々として宛ら七宝を鏤めたり」、つまり、宮殿の装飾が輝くように素晴らしくまるで宝石をちりばめたようだというのですね。方士がそのスケールの大きさや美しさに圧倒されてたたずんでいると、シテが作り物の中で謡い出します。「ﾉむかしは驪山の春の園に共に眺めし花の色　移れば変る習ひとて　今は蓬莱の秋の洞に　独り眺むる月影も」つまり、その昔玄宗皇帝と一緒に眺めた春の花の色も、移り変わって、今はこうして蓬莱で一人秋の月を眺めているのですと。

　この言葉で、今話しているのは楊貴妃の霊だと確信した方士は、私こそ玄宗皇帝の使いの者です。どうぞお姿を現してくださいと呼びかけます。すると、楊貴妃が現れます。舞台上の動きとしては、後見が作り物の布をゆっくり取り払って、美しい装束をつけた楊貴妃が、作り物の中に座った形でついに姿を現します。観客がワクワクして注目する一瞬です。

○シテとワキのやりとり

　方士は玄宗皇帝がいまだ悲しみにくれていると告げ、それで、こうしてはるかにたずねてきましたと語ると、楊貴妃も涙して、二度と戻ることのできない人間界を偲ぶのでした。

　方士が、楊貴妃と会えた証拠となる、形見の品を玄宗皇帝に持ち帰りたいと言うと、楊貴妃は玉のかんざしを方士に渡すのでした。しかし、これは、世の

55

中によくある物なので、あなたと玄宗皇帝が秘密に交わした言葉があればそれをしるしとして教えてほしいと楊貴妃に問いかけます。

○玄宗皇帝と交わした愛の言葉　（長恨歌でもよく知られた言葉など）
　楊貴妃はそれに答えて、七夕の夜のことを語ります。「 天に在らば願はくは比翼の鳥とならん 地に在らば願はくは連理の枝とならんと誓ひし事を」と、かつて交わした愛の言葉を明かすのでした。
　「比翼連理」とは、相思相愛の大変深い愛情によって結ばれた、仲睦まじいことをあらわす言葉ですね。比翼の鳥とは、ひとつずつの翼で雌雄一体となって飛ぶ想像上の鳥のこと。連理の枝とは、二本の木の枝や根っこが一つになって一体となっている木のことです。そのような美しい誓いの言葉を楊貴妃は方士に伝え涙にくれるのでした。

○かんざしを身に付けて舞う楊貴妃
　物語は終盤へ。方士が帰ろうとすると、楊貴妃は思わず呼び止めます。昔を思い出し、思いが尽きない楊貴妃は、玄宗皇帝との思い出の曲、霓裳羽衣の曲を舞いましょうと言うのでした。先ほど方士に渡したかんざしは、実は、その舞を舞った時に付けていたものだったというのです。そのかんざしを方士から受け取り、頭にかざり、舞い始めます。
　霓裳羽衣の曲といえば、かつて玄宗皇帝が作曲し楊貴妃が舞ったと言い伝えられる舞の曲です。他の能にも、例えば天女や天人が出てくる能にこの「霓裳羽衣の曲」という詞章が出てきます。《羽衣》にも出てきますが、天人とも深い関係のある曲と理解してよいでしょう。楊貴妃は、「実は私は天上界の仙女であったけれど、縁あって、仮に人間界の楊家に生まれて大事に育てられました」と語ります。やはり、楊貴妃は天上界の存在、天女のような存在だったのです。玄宗皇帝に召し出していただきいつまでも一緒にと言っていたのに、この通り、今はただ一人、蓬莱国にいる悲しいことになってしまった、と嘆きます。寂しさ、悲しさに溢れた場面です。

○シテの〈序ノ舞〉　最後の見どころ
　シテは最後に〈序ノ舞〉を舞います。霓裳羽衣の曲をしみじみと舞っている

56　　第2章　ストーリーから追う能—今月はこの能

という場面です。「ᐟ恋しき昔の物語 恋しき昔の物語」という詞章に楊貴妃の思いが溢れています。舞い終わった楊貴妃は、再び方士にかんざしを渡し、方士を見送るのでした。「ᐟ恋しや昔 はかなや別れの蓬莱の臺に 伏し沈みてぞ留まりける」と、最後はこのような詞章で終わります。蓬莱国に独り、昔を振り返り、悲しみのどん底に伏し沈んでいくというエンディングです。

　美しい言葉がたくさんちりばめられ、しっとりとした趣きの、視覚的にも美しさに溢れた能です。旧暦8月、物寂しいような、人恋しいような、物思いにふける初秋に相応しい能ともいえるかもしれません。

9月　能《紅葉狩》——紅葉狩の酒宴に誘う美女たちの正体は？

　観世流の季節表では、9月の能が一番数が多く記されていますが、今月は《紅葉狩》を取り上げましょう。

　先日、東京の国立劇場で歌舞伎を観てきました（2022年7月）。歌舞伎の《紅葉狩》です。能から題材をとった歌舞伎はいくつもありますが、能の《紅葉狩》から歌舞伎につくられた演目です。ちょうど夏の「鑑賞教室」という機会で、中学生くらいから高校生、大学生らしき学生さんたちが先生方の引率で大勢来場されていました。

　はじめに歌舞伎役者さんによる解説があり、その後本編の鑑賞というプログラムでしたが、解説の始まる前に暗転になると同時に、アニメ「鬼滅の刃」のテーマ曲「紅蓮華」の冒頭部分が大音量で流れるという演出でした。客席も、いつもより若い人たちが多かったせいか、最初から会場全体のワクワク感が一気に盛り上がった感じがしました。それで、ああなるほど、歌舞伎は伝統芸能でありながら、当世の流行などを活かす、つまりその時代にとっての「現代」の人々の心に響くものを積極的に取り入れる舞台芸術なのだなあと改めて思いました。「鬼滅の刃」は一言でいうなら鬼退治のお話、《紅葉狩》も鬼退治のお話なのですね。歌舞伎の《紅葉狩》は女形が活躍する、派手やかでポピュラーな演目。美しい女たちは実は正体は鬼なのです。能《紅葉狩》でも、鬼揃という小書、つまり特別な演出のことですが、能《紅葉狩》で鬼揃という小書がつくと、後半の場面で正体を現した鬼がシテ以外にも人数を増やして登場すると

いう演出となり、恐ろしさも派手やかさも倍増します。そして、不思議な力を
持つ名刀も出てきます。

　さて、紅葉狩とは野山に出かけ色づいた紅葉を鑑賞することです。私たち
は、春は桜を愛でてお花見に、秋は紅葉見物に行きます。能《紅葉狩》は、
平維茂とその家来たちが狩りをするために、紅葉の美しい山に分け入ってい
くと、紅葉狩を楽しみ酒宴に興じている美女たちの一行と出会うところから物
語が展開していきます。

☆《紅葉狩》

作者	観世信光
登場人物	前ジテ：上臈、つまり高貴な身分の貴婦人（実は鬼の化身）
	後ジテ：鬼神
	ツレ：侍女（三〜五人）
	ワキ：平維茂　平安時代中期の武将
	ワキツレ：維茂の家臣数人
	オモアイ：美女の一行の侍女
	アドアイ：武内の神　八幡神に仕える神さま
場所	信濃の国　戸隠山（現在の長野県長野市）
季節	九月（晩秋）
曲柄	五番目物

　この能のストーリーを追いながら、鑑賞のポイントなど見ていきましょう。
○作り物が運ばれる
　囃子方が出てきて座ると、一畳台と紅葉山、布をかけた縦長のテントのよう
な形の作り物が運ばれてきます。人が一人、立って入れるくらいの大きさの布
張りの作り物の頂上には紅葉がたくさんあしらってあります。一畳台の上、客
席から見て右側に寄せてこの紅葉山を乗せます。

○前ジテ、ツレ、オモアイの登場
　最初にシテの高貴な雰囲気の女とツレであるその侍女たち、そして狂言方の

58　　第2章　ストーリーから追う能—今月はこの能

オモアイの侍女が登場します。女たちの「〵時雨を急ぐ紅葉狩 深き山路を尋ねん」という謡で能が始まります。

　もともとこの私は高貴な身分だったのに、今はこんなに落ちぶれてしまって……と寂しげな物憂い様子の美女と侍女たちが静かに酒宴を始めます。

　シテとツレが謡う詞章の中に、紅葉を歌った歌も出てきます。（・印の詞章のあとに、もとの歌を記す）

・〵谷川に風のかけたる柵は流れもやらぬもみぢ葉を

　山川に風のかけたる柵は流れもあへぬ紅葉なりけり　古今集　春道列樹

　山の中の川にある風が掛けた流れ止めの柵は、流れきれないでいる紅葉の集まりだったのだなあ。

・〵渡らば錦 中絶えんと

　龍田川紅葉乱れて流るめり渡らば錦中や絶えなむ　古今集　読み人知らず

　龍田川には紅葉が乱れ散って流れている。この川を渡るならば錦の帯が断たれてしまうだろう。

○ワキ、ワキツレの登場

　そこへ、ワキの平維茂とワキツレの家臣たちが登場し、鹿の声を手掛かりに狩りをしていこうと山のさらに奥深くへ分け入っていきます。ここにも維茂の謡の中に歌が出てきます。

・〵夕時雨濡れてや鹿の独り鳴く声をしるべの狩場の末

　下紅葉かつ散る山の夕時雨濡れてやひとり鹿の鳴くらむ　新古今集　藤原家隆

　下葉が紅葉する一方で散っていく山の夕時雨。そこでは、雨に濡れてひとり寂しく鹿が鳴いているのだろうか。

　この能は、鬼が正体を現して襲ってくる恐ろしさもあるのですが、やはり、紅葉の美しい風情にも引かれてか、他にも、いくつか和歌が出てくるのですね。

○ワキは前ジテ一行に気づき通り過ぎようとする

　山蔭に人影が見えるので、維茂が家臣に命じて、「〵如何なる者ぞ 名を尋ねて来たり候へ」と尋ねにいかせます。戻ってきた家臣は、名前をたずねても「〵名をば申さず ただざる御方とばかり申し候」と言うのでした。そして、いかにも高貴な雰囲気の女性たちが山奥に幕を張り屏風を立てて酒宴の最中だと。それを聞いた維茂は、邪魔をするような無粋なことをしては申し訳ないので、わざわざ馬から下りてくつを脱ぎ、静かに通り過ぎようとしたのでした。

59

○前ジテがワキを酒宴に誘う

　維茂に気づいた女は呼び止め、酒宴に誘います。美女が維茂のたもとにすがって引き留めるのです。さすがにことわることもできなくなり、一行は酒宴に加わるのでした。

○前ジテとワキが酒を酌み交わし（クセ）、前ジテは舞を舞い姿を消す

　地謡の謡に、「〽されば仏も戒めの　道は様々多けれど　殊に飲酒を破りなば……外の見る目も如何ならん」つまり、仏もいましめた飲酒やよくない行いは他人に見られたらどうしよう、という維茂の後ろめたいような気持ちが謡われています。ところが女は、「〽思へばこれとても前世の契り浅からぬ」と言うのでした。前世からのご縁ですからと。

　酒宴は進み、前ジテが舞います。〈中ノ舞〉という舞が前半場面の最後の見せ場です。優美な舞を披露する女は、維茂が眠りに落ちたと思ったとたん、様子がおかしくなり、だんだん鬼の本性が現れてくるわけです。舞も最後は〈急ノ舞〉という、テンポの速い舞になります。「〽夢ばし覚まし給ふなよ」決して目を覚まさないようにと言いながら姿を消します。鬼の振る舞ったお酒ですから何らかの魔力によるのか。舞台上での動きとしては、前ジテは作り物の中に入ります。後見が手伝いながらここで装束を変えるのですね。そしてアイの語りの場面となります。［中入］

○武内の神（アドアイ）が登場しワキに太刀を授ける

　ここでのアイの役割は重要です。八幡様につかえる末社の神ですが、その神さまが維茂の夢に現れて「あの女たちは鬼の化身。だから早く起きて退治するように」と。そして、鬼退治のための太刀を授けます。能では名前は出てきませんが、歌舞伎では「小烏丸」という名刀です。

○後ジテ登場　ワキとの闘い

　維茂が目覚めると、辺りに雷鳴が響き渡り、地鳴りがして風も吹き荒れています。

　「〽不思議や今まで在りつる女　とりどり化生の姿を現し」と、今までそこに

60　　第2章　ストーリーから追う能—今月はこの能

いた美女たちが化け物の姿になって、火炎を吐き炎を降らして襲ってくる。恐ろしいですね。しかし、夢の中で授かった太刀がそこに本当にあるのです。それで、維茂は八幡様のご加護を信じ「ゝ維茂少しも騒がずして」、あわてることなく、「ゝ南無や八幡大菩薩と　心に念じ剣を抜いて」と詞章にもある通り、襲い来る鬼神に立ち向かい、ついに倒すのでした。

「鬼揃」という小書がつくと、鬼神が数人登場し、大立ち回りとなります。よくある装束としては、赤頭、つまり赤い長い髪を振り乱したような鬘をつけ、緋の大口、赤色の大口という袴をつけているので、舞台全体に赤い色がいっぱいになり、紅葉狩に相応しい色彩感となります。

謡本の解説文の中にある「外面如菩薩、内心如夜叉」という言葉も興味深いですね。外面は菩薩のように優しそうなのに内面は夜叉のように邪悪だという。仏教の教えだそうです。

いかにも高貴な雰囲気の美女が、実は正体は鬼であり、美しい姿で誘惑し、本性を現すと命をとろうと襲ってくる。恐ろしいお話ですが、わかりやすく、見た目にも美しく、動きも多い、人気の高い能です。和歌だけでなく、美しい日本語もちりばめられ、謡の面白さも味わいながら鑑賞すると、より一層楽しいと思います。機会があれば歌舞伎や文楽の《紅葉狩》もご覧になると、能との違いも味わうことができるでしょう。

10月　能《小鍛冶》——名刀「小狐丸」誕生　小鍛冶宗近と相槌の稲荷明神

今月は《小鍛冶》。名刀誕生のお話です。前回お話しした《紅葉狩》は、神様からさずかった不思議な力のある名刀で鬼退治というお話でした。今回は鬼は出てきませんが、剣が大活躍します。天下一の刀剣とそれを鍛え上げる二人の登場人物がいわば主役といえるでしょう。

能《小鍛冶》は上演される機会もわりと多く、前場・後場ともに変化に富んだ、見どころの多い能です。仕舞《小鍛冶》もポピュラーなものだと思います。仕舞、つまり能の一部の見せどころを演じる上演形式であり、最後のクライマックスの場面が多いですが、仕舞《小鍛冶》もキビキビとしてテンポがよく、気

持ちが清々しくなる内容です。子供の稽古で、仕舞《小鍛冶》を子供が舞うのを見たことが何度もありますが、とても凛々しく爽快な舞です。

　物語の中心となる名刀には名前があり「小狐丸」といいます。前場では稲荷明神の化身がシテで「童子」つまり少年の姿で登場します。後場では稲荷明神の姿の後ジテが現れ、刀鍛冶の名工小鍛冶宗近、この人がワキですが、二人で力を合わせて刀を鍛え上げ、霊験あらたかな名刀が誕生します。

☆《小鍛冶》

登場人物	前ジテ：童子　後ジテ：稲荷明神
	前ワキ：小鍛冶宗近　後ワキ：同人　装束を変えて再登場
	ワキツレ：勅使
	アイ：宗近の下人
場所	京都三條粟田口小鍛冶宗近の屋敷
季節	季不知（不定）
曲柄	五番目物

　鑑賞のポイントなど見ていきましょう。

○勅使（ワキツレ）登場　勅諚を述べる

　ワキツレの勅使が出てきて名乗ります。「〽これは一條の院に仕へ奉る橘の道成にて候」と。そして三條の小鍛冶宗近に帝（一条天皇）の勅諚を伝えに行くところだと語ります。一条天皇（980〜1011 在位986〜1011）は平安時代の天皇です。ちょうど紫式部や清少納言、和泉式部が活躍した時代ですね。一条天皇自身も文芸に造詣が深く、音楽にも堪能、笛が得意だったという話が伝えられています。小鍛冶宗近(三條宗近)も実在の人物と伝えられる名匠です。

○勅使は宗近の邸へ　勅諚を伝える

　その帝に仕える勅使は宗近（ワキ）の邸を訪れ、直接勅諚を伝えます。帝が不思議な夢を見て、宗近に剣を打たせよとお告げがあったと。宗近は当代一の刀鍛冶の名工、優れた職人なのですね。ですから勅命が下ったというわけです。

　帝の命ですから「喜んで」となるはずなのですが、宗近は大変困った様子。なぜなら自分と相槌（謡本には「相鎚」と書かれています）を打てるほどの名

62　第2章　ストーリーから追う能—今月はこの能

人がいない。「相槌を打つ」と言いますが（そう、現代の言葉にもありますよね）、相槌役の名工がもう一人いないと、帝の仰せに値するような刀は作れない、「どうしよう」となってしまったわけですね。

○前ジテ登場

　それで宗近がふと思い出したのは、「ああ、私の氏の神、つまり氏神さまは稲荷明神だった！　これから直ぐにお稲荷さんにお参りして、お願いしてみよう」となります。

　宗近が一心に祈っていると、「〳なうなうあれなるは三條の小鍛冶宗近にて御入り候か」と呼びかける声が。「なう」は《羽衣》にも出てきましたが、「のー」と読みます。不思議な童子（前ジテ）が呼びかけてくるのでした。宗近は驚いて「〳我が名をさして宣ふ　如何なる人にてましますぞ」、私を名指しでそんな風におっしゃるあなたはどういう方なのですか？　と聞いてみます。すると、童子は誰とは答えず、「帝から剣を打って持参しなさいという命がありましたね」と、勅諚のことも知っているのです。宗近はさらに驚き「〳返すがえすも不審なり」と解せない様子。

○前ジテは故事を引き刀剣の物語をする

　昔々……と語り始めた童子は、中国と日本の故事を引いて、霊力をもつ剣の話をします。剣の威徳によって、魑魅鬼神が剣の刃の光を恐れて近づくことらできなかったという物語。我が国では、日本武尊の東征、東の方の蛮族をたいらげたという武勇伝が語られます。謡本の詞章には、例えば「〳血は涿鹿の川となって」とあります。「たくろく」は中国の地名で、戦場が血の川となったという壮絶な戦いの様子を伝えるお話です。語られているのは日本のお話ですが、戦ううちに敵が四方を囲んで火をかけてきたというのです。そこで日本武尊は剣を抜いて燃える草を薙ぎ払ったと。剣の精霊は嵐となり敵の方へ炎は吹き返されて、ついに敵は滅ぼされたのでした。この霊力あるモノスゴイ剣が、三種の神器で有名な草薙の剣、草を薙ぎ払った剣という意味がそのまま名前になりました。

　そのような故事を勢いよく堂々と語った童子は、祭壇をしつらえて私を待つようにと言います。「〳通力の身を変じて　必ずその時節に参り会ひて御力をつ

63

け申すべし」つまり、神通力を持つ存在としてその時に現れお力添えをしましょうと約束するのでした。そう言うと童子はいつの間にか姿を消します。[中入り]

○宗近の下人（アイ）の語り

　ここで中入りとなり、ワキの宗近も一旦退場します。宗近の下人が現れ、剣の威徳を称えた物語を改めて語ります。

○一畳台が運び込まれる

　いよいよ後場、しめ縄が張られた、一畳台が運び込まれ舞台の正面先のところに置かれます。これが祭壇ですね。その上に刀を鍛えるための台と槌、そしてこれから鍛えられる刀身が置かれています。宗近は風折烏帽子をつけ正装して再登場します。

○稲荷明神（後ジテ）登場

　その神聖な場所で宗近が祈りながら待っていると、稲荷明神が姿を現します。この姿、初めて見た方はきっと驚くと思います。頭に狐をいただいた冠が載っています。狐をかたどった、キラキラした平らなもの、かなり大きいです。それが冠の上にのっている感じです。

　稲荷明神は登場すると〈舞働〉という囃子の音楽にのって勇壮に舞います。そして、稲荷明神は宗近に向かって「〻三拝の膝を屈し」と詞章にあるように、膝をついて深々とお辞儀をするのですね。とても感動的な美しい場面です。稲荷明神ですから神様のような存在でしょうに、宗近に礼をする。宗近はそれほどの天下随一の素晴らしい刀鍛冶なのです。弟子として師匠に礼を尽くします。詞章に、「〻教への鎚を　はつたと打てば」「ちやうと打つ」とあります。「〻ちやうちやうちやうと打ち重ねたる鎚の音　天地に響きて　おびたたしや」と謡われます。

○稲荷明神との相槌によって刀が鍛え上げられる

　一畳台に宗近と稲荷明神が乗り、二人で交互に相槌を打ちながら刀が鍛え上げられていきます。神様の力を借りているのですから、とんでもない名刀となるわけですね。「〻表に小鍛冶宗近と打つ」「小狐と裏に」と詞章にあるように、

表と裏に二つの銘が刻まれた名刀「小狐丸」が完成します。師匠と弟子の名が表と裏に刻まれている。名工のわざと、稲荷明神の力が込められた剣です。詞章には「〽天下第一の　二つ銘の御剣にて　四海を治め給へば五穀成就もこの時なれや」、つまり、大変な霊力を持つ剣なので、平和と五穀豊穣をもたらすというわけです。

　完成した剣は無事勅使に捧げられ、めでたしめでたし。それを見届けると、稲荷明神は雲に飛び乗って空を飛び、瞬く間に稲荷山へ帰っていくというエンディングです。宗近の氏神様の稲荷明神は有難い守り神でもあります。宗近という人も長年わざを磨き真剣に仕事を続け天下一の名工になった人なのでしょう。そういう真っ直ぐな心の人間のよさも感じますね。

　見どころも多く、清々しく爽快感たっぷりのわかりやすい物語で、歌舞伎や文楽にもなっています。能《小鍛冶》も上演される機会が少なくないので、機会があればぜひ皆さんご覧ください

11月　能《船弁慶》── 前ジテ・後ジテが敵同士のスペクタクル能

　ストーリーから追う能、今月は《船弁慶》です。武蔵坊弁慶と弁慶が仕えた源義経が登場します。作者は観世信光。信光は、世阿弥の甥音阿弥の子供で、大鼓方（大鼓奏者）でしたが、役者として、また能作者としても活躍した人です。派手やかな、スペクタクル的作風で知られ、この《船弁慶》も、前ジテは静御前、後ジテは平知盛の怨霊で、変化に富み見どころも多く人気の高い能です。わかりやすい内容なので、学校教育で教材としてもよく取り上げられています。

　さて、義経と弁慶といえば、いわばスーパーヒーローですね。彼らにまつわる様々な物語が古典芸能の題材となっています。能《船弁慶》は、兄源頼朝から義経が謀反の疑いをかけられ兄弟不仲となり、義経と弁慶の一行が都から津の国尼ケ崎へ向かうところから始まります。

☆《船弁慶》

　　作者　　　　　観世信光

登場人物	前ジテ：静御前　後ジテ：平知盛の怨霊
	＊多くの能では、前ジテが例えば里の女で実は幽霊、後ジテは本性を現し、かつての姿で出てくるというふうに、前ジテと後ジテが関連のある存在なのですが、この能では全く異なる人物、しかもいわば敵同士。このような変化もこの能の魅力の一つと言えます。
	子方：源義経　　ワキ：武蔵坊弁慶
	ワキツレ：義経の従者（三人）　　アイ：船頭
場所	前場：摂津国　大物浦^{だいもつのうら}　兵庫県尼崎市大物町
	後場：瀬戸内海上　大物浦の沖
季節	十一月
曲柄	五番目物

鑑賞のポイントなど見ていきましょう。

○子方（義経）がワキ（弁慶）・ワキツレ（従者）を伴い登場

　弁慶が名乗り、平家を滅ぼした「我が君判官殿^{ホオグワンドノ}」と兄頼朝との不和にふれ、都からまずは大物の浦へ行こうと語ります。

　大物の浦に到着すると、弁慶は知り合いの船頭（アイ）に船の手配と宿を頼みます。実は、ここまで、義経の恋人の静も一行についてきたのでした。ところが、この先の困難を考えると静には都に帰ってもらったほうがよいかもしれないということになります。義経は「⌒ともかくも弁慶計らひ候⌒^{ベンケイハカ　イ　エ}」と弁慶に静への伝言を任せます。

○静御前（前ジテ）登場

　静が滞在している所へおもむいた弁慶は、「我が君の御諚^{ゴヂヨオ}」、我が君のお言葉を伝えに来たと言い、都へ帰るようにと告げます。静は「⌒これは武蔵殿の御計らひと思ひ候程に^{オンハカ　イ}」、これは弁慶の独断だろうと言い、義経に直接会ってお返事申し上げます、と義経のもとに来てしまいます。ところが、義経からの「⌒まづこの度は都に上り時節を待ち候⌒^{ミヤコ　ノボ　ジセツ　マ　エ}」という言葉で、本当に「我が君の御諚」だったのですね、武蔵殿を怨むようなことを言ってごめんなさい、となるわけ

です。

○静御前の別れの舞　　クセ　〈中ノ舞〉

　静は白拍子という芸能者、つまり今様や朗詠などを歌いながら舞う芸能を担う存在です（またはその芸能そのものも白拍子と言います）。白拍子は、女性が男装して、烏帽子・直垂などを身につけて歌いながら舞う人です。静が別れの舞を舞う場面は、前場の一番の見どころですね。もう二度と会えないかもしれないと思いながら、門出の酒宴の席となり、静は白拍子の扮装で、烏帽子を付け舞を舞います。舞台上の動きとしては、「物着」といいますが、後見がシテに烏帽子をかぶらせます。

　ここからが「クセ」という、能の謡いどころ、舞いどころの注目場面となります。義経の境遇に照らして中国の故事が引かれ、いつか和解も導かれるでしょうと、静が舞い、続いて〈中ノ舞〉という、囃子と舞だけによる場面となります。前場最後のところでは「ヘ静は泣く泣く」「烏帽子直垂脱ぎ捨てて　涙に咽ぶ御別れ　見る目も哀れなりけり」と静と地謡が謡い、前ジテが退場します。

[中入り]

　この能を観るといつも思うのですが、静が退場するとき、無音なのですね。演出によっても違いがあるかもしれませんが。現代劇やドラマなどでは、きっと悲しげな BGM が流れるのでしょう。能ではこのように「無音」の場面があります。この場面、静御前が音もなく本当に静かに立ち去っていく後ろ姿から悲しさが際立つ気がします。

○船頭（アイ）が船を用意　一行の船出

　ここで狂言方の船頭が揚幕に一旦引っ込み、あっという間に船を舞台に運び込んできます。船といっても、見た目は枠だけのものです。竹の骨格に白い布を巻き付けたもので、私たち観客は、目の前に立派な御座船を想像して、場面を頭の中に描いていくことになります。能にはこういうことがよくあります。観客が想像力を駆使して場面を頭の中に描く、創造するということです。その船に義経一行が乗り込み、船出となります。

○海が荒れてくる

67

一行はめでたく船出するのですが、だんだんと風が強くなり海が荒れ始めます。そしてついに、「〽あら不思議や海上を見れば 西国にて亡びし平家の一門各々浮かみ出でたるぞや」と、海から平家の亡霊たちが次々と浮かび上がり、義経たちが乗った船にとりつき沈めようとします。

○平知盛の怨霊（後ジテ）登場 〈早笛〉〈舞働〉 五大明王が義経たちを守る

　中でも、壇之浦の合戦で海に沈んだ総大将平知盛の怨霊が長刀を持ち、〈早笛〉という速いテンポの躍動感ある登場楽で登場し、義経たちに襲いかかります。仕舞《船弁慶キリ》は、知盛の名ノリから始まり、長刀を持ち物としたダイナミックな舞で構成されています。私も以前この仕舞を舞ったことがありますが、長刀に振り回されて最初は大変苦労しました。でも、だんだん慣れてくると長刀を持った舞の型のよさというか面白さもあり、扇を持って舞うのとは違う、ダイナミックな美しさがあるなあと感じました。

　こうして知盛の怨霊たちが恐ろしい勢いで襲いかかってきます。その様子は〈舞働〉という囃子と所作によって表現されます。ところが、この危機を義経のひと声が救うのです。「〽その時義経少しも騒がず」。子方は、変声期前の少年が演じるので（女の子が演じることもあります）、その高い声は、演出的にも大変効果的です。この場面にピーンとはったような、新たな空気を吹き込み、形勢逆転となるわけです。

　義経は刀を抜き応戦しますが、相手は幽霊なので手応えがありません。弁慶が義経を止め「〽打物業にて叶ふまじと 数珠さらさらと押し揉んで」と、弁慶はお坊さんでもあるので、法力で悪霊を退散させようと、五大明王を召喚するのでした。五大明王とは、不動明王を中心として東西南北を守護する、強い存在ですね。この能の最後の方で物凄い迫力で五大明王が登場する様子が謡われています。「〽東方降三世 南方軍荼利夜叉 西方大威徳 北方金剛夜叉明王 中央大聖不動明王の索にかけて 祈り祈られ悪霊次第に遠ざかれば」と、五大明王が義経と弁慶の一行を守り、悪霊を遠ざけます。

○悪霊退散

　ついに悪霊たちは退散するのですが、一つとても気になることがあります。

最後の詞章は「〽また引く汐にゆられ流れ　また引く汐にゆられ流れて　跡白波とぞなりにける」、係り結びが効いていますね。「…ぞ…ける」。能の詞章からは、七五調や係り結びなど日本語の古文のよさを味わうことができます。

さて、とても気になることとは、後ジテの平知盛の怨霊は橋掛リを通って揚幕を越え鏡の間に退場するのですが、最後の謡「跡白波とぞなりにける」、白波となって波間に姿が消えた。けれども、気配がまだ残っている気がするのです。鏡の間という舞台空間の効果というかよさともいえるかもしれません。姿は見えなくなったけれど、また出てくるかもしれないという気配。これもまた能の魅力と言えるかもしれませんね。物語は終わらない。見えない世界はずっとそこにあると。

12月　能《巻絹》──音無天神に手向けた和歌の功徳
〈神楽〉を舞い神がかりする巫女

今月は、《巻絹》という能を取り上げましょう。「巻絹」とは、軸に巻いた絹の反物のことです。その巻絹がタイトルとなっていて、一場物のシンプルな構成の能ですが、物語で大きな鍵を握るのが和歌です。和歌の功徳を讃えた、素朴で風流な内容が魅力だと思います。最後の場面でシテの巫女の舞う〈神楽〉という舞も神秘的で美しいです。

☆能《巻絹》
　　登場人物　　シテ：巫女　　ツレ：都の男　　ワキ：勅使
　　　　　　　　アイ：勅使の下人
　　場所　　　　紀伊の国　熊野本宮（現在の和歌山県田辺市本宮町）
　　季節　　　　十二月
　　曲柄　　　　四番目物

鑑賞のポイントなど見ていきましょう。
○勅使（ワキ）登場　帝の見た霊夢のことを語る

69

ワキの勅使が登場し、「〽我が君あらたなる霊夢を蒙り給ひ」と、帝が霊験あらたかな夢をご覧になり、千疋の巻絹を熊野権現に納めるようにとお告げがあったと言います。帝の命なので、諸国から続々と巻絹が集まっているのに、都から来るはずの巻絹の到着が遅れている。一体どうしたことかというのですね。とにかく届き次第神前に納めたいと思うのだが、と言いつつ、勅使は都の使いを待っています。

○都の男（ツレ）登場
　そのころ都の男はまだ旅路の途中なのでした。この都の男は、直面と言って面をかけない、素顔の役として登場します。巻絹を運ぶ男は、険しい旅路を進み、山また山を越えて熊野権現へと道を急ぎます。そしてついに目的地に到着するのですが、「〽まづまづ音無の天神へ参らばやと思ひ候」と、音無天神、つまり熊野本宮の東北にあった地主権現、その社の守護神がまつってあるところに参拝しに行ってしまうのです。折から、「〽冬梅の匂ひの聞え候」と冬梅の香りが香ってくるので、思わず興に乗って、心の中で一首の歌を音無の天神に手向けるのでした。

○勅使（ワキ）が勅使の下人（アイ）に命じて都の男（ツレ）に縄をかける
　参詣を終えた都の男は、「〽都より巻絹を持ちて参りて候」と待ち受けていた勅使の下人に声をかけますが、なんと期日は過ぎてしまっていたのです。都の男一人が遅刻して、千疋の巻絹がすべてそろうことが間に合わなかったために、勅使は怒り、「〽罪の報いを知らせけり」と、罪の報いを受けるようにと、勅使は下人に命じて男を縄で縛りあげてしまうのでした。舞台上では、この都の男が後ろ手に縄をかけられて舞台に座っているという場面となります。

○巫女（シテ）登場
　するとそこに呼びかける声がします。巫女（シテ）が登場し「なうなう」と呼びかけ、「〽何とて縛め給ふぞ」、なぜその男を縄でしばるのだ？　と問いかけます。そして、続けてこう言います。「〽その者は昨日音無の天神にて　一首の歌を詠み我に手向けし者なれば」と。その歌のおかげで私は三つの苦悩から免れることができたのだから、早くその縄を解きなさいと、巫女がだんだんと

70　　第2章　ストーリーから追う能――今月はこの能

神がかりして言うのです。でも、勅使たちが取り合わないので、巫女は縄を自ら解いてやろうと、都の男に近寄ります。ところがあまりに強く縛りあげられていて縄はほどけないのでした。巫女は、まあなんとかわいそうなことと男のことを思いやるのでした。

○疑う勅使　巫女が真実を明かす

　巫女が再度、この男は音無天神にて一首の歌を詠み私に手向けた者だからはやく縄を解きなさいと言います。巫女に音無天神が降りてきて語っているのですね。ところが勅使は直ぐには信じません。いや、こんないやしい身分の者が歌を詠むなんて思いもよらないことだと。

　巫女は、神慮（しんりょ）をいつわりだと言うのかと、怒ったような様子になり真実を正します。まず、縛られている男に命じ、心の中で詠んだ歌の上の句を述べさせます。上の句は、「〽音無（オトナシ）にかつ咲き初（ソ）むる梅の花（この音無の地に梅の花が咲きはじめたよ）」と。すると即座に巫女が下の句を続けます。「〽匂（ニオワ）はざりせば誰（タレ）か知るべき（このように香らなければ誰が咲いたことに気づくだろうか）」と。こうして、巫女は音無天神の神慮の正しさを示すのでした。男が心の中で詠んだ歌が、しっかりと天神様に届いていたのですね。疑いはすっかり晴れて男は解放されます。

○巫女は和歌の功徳を讃えて謡い舞う（クセ）

　巫女に憑依した音無天神は、男が手向けた歌に感謝し和歌の功徳を讃えます。能では、和歌の功徳を讃える物語が時々出てきます。和歌に詠まれた言葉や心情、美意識などが大切にされているのですね。この《巻絹》では、音無天神が乗り移った巫女は、神代の時代から宇宙の真理は和歌に詠まれた言葉の中にあるのだということを、いろいろな故事を引きつつ説いていきます。

○最後の場面の見どころ——巫女の舞う〈神楽〉　天神は天へ帰る

　巫女は祝詞（のりと）を唱え、金剛界（こんごうかい）、胎蔵界（たいぞうかい）という曼荼羅図（まんだらず）を、この地の霊山にあてはめて、吉野の山は金剛界、ここ熊野は胎蔵界であり、ここに浄土があり、ありがたいことだと言い、〈神楽〉という舞を舞います。〈神楽〉は、女神や神が憑依した巫女などが舞う神聖な趣の舞です。小鼓が「プ、ポ、プ、ポ」とずっ

と連続する「ノット」という手組を打つのが特徴的です。囃子の舞の音楽として構成にも特徴があり、〈神楽〉独自の旋律型が続いたあと、「ナオリ」というところからは急テンポの〈神舞〉という舞になります。

　激しく狂乱して巫女は舞います。空へ飛んでいきそうな勢いで舞うのですね。「九十九髪の」という言葉が出てきたり。髪の毛の「髪」と神様の「神」がかけられていて、巫女の髪の乱れが描写されています。そのあとの詞章には、「ヘ空に飛ぶ鳥の翔り翔りて地にまた躍り　数珠を揉み袖を振り　挙足下足の舞の手を尽し」とあり、激しく飛んだりはねたりして舞い狂うような神がかりの様子が伝わってきます。見ている人たちも「なんと恐ろしいこと」と思うほどです。

　そしてついに「ヘこれまでなりや　神は上らせ給ふと言ひ捨つる　声の中より狂ひ覚めて　また本性にぞ　なりにける」と。これがこの能の最後の詞章です。音無天神は天に上り、巫女は本性に戻り、めでたしめでたしとなるのでした。

　人間の男が、冬の梅の香りにひかれて歌を詠み神様に捧げたために遅刻してしまい、勅命に背いてしまったけれど、真っ直ぐな心で歌を詠んだ。そのことが神様に届いて、神慮をもゆさぶるという奇跡のようなお話です。

第3章

能の台詞に注目

本章では、能の登場人物や地謡の「台詞（せりふ）」に注目して、その特徴や決まり文句のような語り口調などについてお話ししていきましょう。1～12で注目した台詞は、ここで取り上げた能だけに固有の台詞というわけではなく、他の能にも出てきたり、能一番に複数ダブって出てきたりします。能を鑑賞する折に、「この台詞、聞いたことがある！」というふうに、気になる台詞を見つけてみましょう。

1　名ノリ　　人物の自己紹介、状況説明など

　能では、謡本（うたいぼん）というものが台本でもあり、楽譜でもあり、能を習ったり演じたりする場合のガイドブックのような大事な役割も持っています。そこに書かれている文章を能の詞章（ししょう）と言います。能は演劇なので、ここでは「詞章」ではなく「台詞」と呼ぶことにします。登場人物や地謡（ナレーターまたは役にかわって斉唱で謡う役割を担う）の台詞に焦点をあててお話ししていきましょう。

　私は6歳から観世流（かんぜりゅう）のシテ方の先生にご指導いただいてきたので、観世流の謡本に基づいてお話しします。観世流で謡と仕舞（うたい）（しまい）を習う場合、初心者の謡のお稽古では、最初に『初心謡本』というものに基づいてお稽古を進めていきます。その『観世流初心謡本』には上巻・中巻・下巻とあり、それぞれに五番つまり五つの演目が取り上げられています。能では「何曲」ではなく「何番」という言い方をします。初めに、その上巻のいくつかの能を中心に、「名ノリ」についてお話ししましょう。

　「名ノリ」とは、能や狂言に出てくるもので、文字通り登場人物が名乗る、つまり自己紹介をしたり自分の身の上や状況を説明したりすることです。謡本にも「名ノリ」とか「名宣」と書いてあり、「これはどこそこの誰々にて候」というふうに名乗ります。名前を名乗ることもあれば、ただ、「女にて候」とか「僧にて候」というふうに、名前を言わないこともあります。

　まず『観世流初心謡本上巻』からいくつか具体例をあげてみましょう。

☆《橋弁慶（はしべんけい）》
　前ジテ：武蔵坊弁慶（むさしぼう）　後ジテ：前同人　子方：牛若丸（うしわかまる）　トモ：弁慶の従者
　アイ：都の者

74　第3章　能の台詞に注目

季節　九月

所　　前場：近江国比叡山西塔　　後場：京都五条橋

曲柄　四番目物

　大変有名なお話がもとになっています。若き源義経つまり牛若丸と弁慶が、京の五条の橋の上で初めて出会った時のエピソードに基づき、弁慶が牛若丸に打ち負かされて、主従の契りを結ぶというストーリーです。

　その冒頭の有名な名ノリ。前ジテの弁慶が、「ヘこれは西塔の傍に住む武蔵坊弁慶にて候（私は西塔のそばに住む武蔵坊弁慶でございます）」と名乗ります。他の能でも、例えば《船弁慶》という能で、この能では弁慶はワキですが、やはり「ヘかやうに候者は　西塔の傍に住居する武蔵坊弁慶にて候」という台詞を言うのですね。ですから、能の謡を習ったり、能を観たりしていると、弁慶は、西塔のかたわらに住んでいる人。意味はわからなくても「サイトウのカタワラにスマイする」のが弁慶。弁慶といえばそうだよねという共通認識のようなものが自然と身についてくるのだと思います。

　歌舞伎にも《船弁慶》という演目があり、能に基づいてつくられているのですが、ここでも弁慶は能と全く同じ台詞「かやうに候者は、西塔の傍に住居する武蔵坊弁慶にて候」と言います。

　さて「西塔」とは？　能《橋弁慶》の前場の舞台は比叡山。比叡山といえば延暦寺ですが、延暦寺の僧房には昔、東塔、西塔、そして横川の三つがあったということなのです。弁慶は西塔のそばに住んでいたのですね。

　これに続く弁慶の台詞は「ヘ我宿願の子細あって　五条の天神へ丑刻詣を仕り候　今日満参にて候程に　只今参らばやと存じ候（私には前々から神仏に祈願していたことがあり、五条の天神に丑の刻詣でをしてきました。今日がその期限である最終日なので、これからお参りに行こうと思います）」と。『義経記』という軍記物語には、弁慶は他人の太刀千振を奪い取り自分の宝にしようと決めたと記されています（正宗　1928, p.62）（高木　1961, p.57）。弁慶といえば怪力無双の荒法師で義経に最後まで忠義を尽した家来としても知られていますね。

　この「我宿願の子細あって……」という台詞も、弁慶に限らず、登場人物の名ノリのところで見られる決まり文句の一つです。

75

☆《吉野天人》

　前ジテ：里の女　後ジテ：天女　ワキ：都人　ワキツレ：同行者（二〜五人）

　アイ：吉野の里人または山神

　季節　三月

　所　　大和国吉野山

　曲柄　三番目物

　この能では、まずワキとワキツレが、桜が満開で雲のように見えるその景色をたよりに、吉野の山奥をたずねてやってきましたと謡ったあとに、ワキが「〽これは都方に住居する者にて候」と名乗ります。そして「〽さても我春になり候へば　此処彼処の花を一見仕り候　中にも千本の桜を年々に眺め候」と言います。「千本の桜」とは、京都、嵐山の桜のことですが、嵐山の桜は、もとは吉野の桜を植えたものだと聞いているという話も語られます。だから、この吉野の山奥に桜をたずねて、若い人たちを伴ってやってきたというわけです。

　都の人間が、わざわざ山奥に出かけてくる理由が、桜に関すること。しかも、都の有名な嵐山の桜のルーツとも考えられる、吉野の山奥の桜をたずねるという風流なお話ですね。そして、そこに後ジテとして、天女が登場するわけですから、この能の始まりの名ノリからワクワク感が止まりません。前から気になっていた山奥をはるばるたずねてやっと思いを果たせた。そして妙なる音楽とともに現れた天女にも出会えたという、美しいもの満載の物語展開となります。

☆《土蜘蛛》

　前ジテ：怪僧　後ジテ：土蜘蛛の精　ツレ：源頼光　ツレ：胡蝶

　トモ：頼光の従者

　前ワキ：独武者　後ワキ：前同人　ワキツレ：従者　アイ：独武者の下人

　季節　七月

　所　　前場：京都源頼光邸　後場：京都北野東南 土蜘蛛塚

　曲柄　五番目物

　能《土蜘蛛》では、はじめにツレの胡蝶という女性が、浮き立つ雲や風の風

景と、頼光の病の具合はいかがであろうかという心持ちで一節謡ったあとに、名乗ります。「ヘこれは頼光の御内に仕へ申す胡蝶と申す女にて候」。頼光のお屋敷に仕える、胡蝶という女ですというわけですね。そして、頼光が病にふせっているので、「ヘ典薬の頭より御薬を持ち只今頼光の御所へ参り候」と言います。「典薬」に（謡本は縦書きなので右側にフリガナ）テンヤクとふってありますが、「薬」の字の左肩に小さく「ニャ」と書いてあるので「テンニャク」と発音します（このような読み方は謡本に時々出てきます）。「典薬の頭」とは、典薬寮の長官のことで、典薬寮とは、その昔宮中の医療に関することを担当していた役所のことです。

　源頼光といえば、大江山の酒呑童子を退治したという伝説で知られる強い武将で、大事な人なのですね。それで、胡蝶が「典薬寮の長官」が手配した薬を頼光のもとに届けるというわけです。

☆《田村》と《東北》

　『観世流初心謡本下巻』からも取り上げましょう。この二つの能の冒頭部で面白いのは、名ノリのところがほぼ同じ台詞というところです。どちらも、ワキの旅の僧が名乗るのですが、《田村》の台詞は「ヘこれは東国方より出でたる僧にて候　我いまだ都を見ず候ほどに　この春思ひ立ちて候」。そして、《東北》では、「ヘこれは東国方より出でたる僧にて候」、ここまでは全く同じです。そのあとは「ヘ我いまだ都を見ず候ほどに　この春思ひ立ち都に上り候」となります。「この春思ひ立ちて候」と「この春思ひ立ち都に上り候」ほとんど同じですね。

　今回は「名ノリ」に注目してみました。登場人物が自己紹介や状況説明などをして、その後の展開へのきっかけとなる、物語の大事な導入をつくる台詞というわけでした。

2　呼掛　　シテが舞台にいるワキに呼び掛けながら登場

　第2回は「呼掛」に注目しましょう。能の台本でもある謡本にも、小段とし

て「呼掛」と記されています。能一番は、いくつもの「小段」、小さい段と書きますが、そういう部分部分が連なって構成されています。前回取り上げた「名ノリ」も、小段と呼ばれるものの一つです。

　ここで取り上げる「呼掛」とは文字通り、能の登場人物が、特にシテが、舞台上にいるワキなどに呼び掛けながら揚幕から出てくる、その時の台詞です。すべての能に出てくるわけではありませんが、よく見かけます。

　まず《羽衣》から見てみましょう。

☆《羽衣》
　　シテ：天女　ワキ：漁師白龍（はくりょう）　ワキツレ：白龍の仲間の漁師（二人）
　　季節　三月
　　所　　駿河国三保松原
　　曲柄　三番目物

　中学校音楽の教科書に載っている、大変有名な能ですね。前にも取り上げました。舞台は駿河国三保松原。富士山とその一帯は世界文化遺産に指定されています。

　ある春の日に、この美しい風景に引かれたのでしょう。天上界から天女が降りてきて、まとっていた羽衣を松の枝にかけ水浴びをする。すると、漁師がそれを見つけて「良い物を拾った！」と喜ぶわけです。そしてこの呼掛の場面となります。

　謡本には「なう」と書かれていて、「な」の横にカタカナで「ノ」とふってあります。つまり読み方は「のー」となります。謡本にはこう記されています。「〽なうその衣（コロモ）は此方（コナタ）のにて候　何（ナニ）しに召（メ）され候ぞ（もしもし、その衣は私のものです。なぜ持っていこうとなさるのですか）」と。揚幕（あげまく）が上がり、鏡の間から呼掛「のーーー」（かなり長く引きます）と台詞が始まり、天女が姿を現します。すると、漁師白龍は、これは私が拾った衣なので持ち帰ろうと思いました、と言います。見たこともない美しい衣ですから、持ち帰って家宝にしようとするのですね。天女はあわててこう言います。「〽それは天人（テンニン）の羽衣とて た やすく人間に与（アト オ）ふべき物（モノ）にあらず（それは天人の羽衣というもので、たやすく人間に与えるような物ではありません）」と。天女は、この羽衣をまとわない

78　第3章　能の台詞に注目

と天上界に帰れないので必死です。ですから、「のーーー」という呼掛もはっきりと強い感じです。そのあとは、かの有名な天人の舞を舞ってくれと白龍が所望し、天女は羽衣をまとい、舞いながら富士の高嶺のはるか上空へ舞いのぼり、ついに姿が見えなくなります。

☆《吉野天人》

　前ジテ：里の女　　後ジテ：天女　　ワキ：都人　　ワキツレ：同行者（二〜五人）

　アイ：吉野の里人または山神

　季節　三月

　所　　大和国吉野山

　曲柄　三番目物

「名ノリ」のお話でも取り上げた能です。前場、つまり前半の場面で、前ジテの里の女が登場する時に言う台詞です。謡本には「呼掛」と書かれ、「なうなう」と「なう」が繰り返されています。このような縦書きの古文では「くの字点」といって、二文字分、縦に伸ばした「く」の字のような記号が使われています。「のー」という呼掛は、このように「のーのー」と二つ重ねることもよくあります。

　謡本にはこう書かれています。「〳〵なうなうあれなる人々は何事を仰せ候ぞ（あの方々は、何をおっしゃっているのでしょう）」と。その前のワキの都人の台詞は、「〳〵御覧候へ　峯も尾上も花にて候　なほなほ奥深く分け入らばやと思ひ候」。舞台は吉野の山。山の頂の辺りは桜が満開なので、さらに山奥深く分け入って桜を見たいものだというわけです。それで里の女が「なうなう」と、あの方々は何をおっしゃっているのでしょう？　となるわけです。すると、ワキが、はい、私たちは都の者ですが、この吉野山の桜が素晴らしいと聞いて初めてこの山奥までやってきました、と答えます。これがきっかけとなり、「〳〵げにげに花の友人は　他生の縁と云ひながら」ともに花を愛でる友は、この世だけでなく前世からのご縁があるのだよ、という台詞も出てきて、後場へと続きます。

　後場では、里の女が本性を現し、天女の姿で舞を舞う場面となります。この能の一番の見どころです。花と天女。美しく優雅な物語展開のきっかけとなる

79

呼掛の台詞でした。

☆《殺生石》

前ジテ：里の女（玉藻前の化身）　後ジテ：野干（玉藻前の正体の狐）

ワキ：玄翁和尚　アイ：能力（玄翁和尚の従者）

季節　九月

所　　下野国那須郡那須湯本

曲柄　五番目物

　那須の湯本温泉に殺生石という大きな岩がありますが、溶岩だそうですね。それにまつわる伝説に基づいたお話です。2022年春でしたか。この岩が割れたというので話題になりました。

　能《殺生石》は、ワキの玄翁という僧が那須にやってくるところから始まります。そこへ、シテの里の女が呼び掛けます。「〽なう その石の邊へな立ち寄らせ給ひそ」と。「な…そ」は禁止の意味ですね。その石のそばに寄ってはいけませんと女は言い、さらに「〽それは那須野の殺生石とて 人間は申すに及ばず 鳥類畜類までもさはるに命なし」、つまり、人間は言うまでもなく鳥も動物もその石に触れたら命はないというわけです。殺生石とは、生き物を殺す石という意味ですね。そして、この石にはこんな言い伝えがあるのです。玉藻前という妖狐つまり化け狐が美女に化け、帝の寵愛を受けたという伝説があります。結局正体を見破られ退治されてしまったけれど、いまだに苦しんでいるその執心が化け物の石になったというのですね。この能の後場では、野干つまり狐の化け物として本性を現しますが、玄翁和尚の供養によって成仏し、もう悪事は行わないと誓い「〽約束堅き石となって 鬼神の姿は失せにけり」、化け物の姿は消え去るのでした。

　狐の化け物は、ああこのお坊さんなら自分を成仏させてくれるに違いないと思って、「のー」と呼び掛け、その石に近寄ったら命が危ないから近寄るなと声をかけたのでしょう。

　そのほかに、「呼掛」という小段ではありませんが、呼び掛けの意味を持つ能の台詞として次のようなものもあります。

「へいかにナントカ」と、名前などを呼ぶ言い方ですね。例えば、「いかに弁慶」と弁慶が呼び掛けられると「へ御前に候」のように。「もし、弁慶」または「おい弁慶」という感じでしょうか。弁慶にこのように呼び掛けるのは義経ですね。その呼掛に、「はい御前におります」と弁慶が答える。あるいは、「へいかにこれなる老人に尋ぬべき事の候（もし、そこの老人に尋ねたいことがございます）」「へ此方の事にて候か 何事にて候ぞ（私のことでしょうか。何をお聞きになりたいのでしょうか）」というふうな台詞もあります。

今回は「呼掛」に注目してみました。シテが「のーーー」と言う。主にワキに対して大事なことを訴えたくて呼び掛ける、そんな台詞です。

3　急ぎ候ほどに○○に着きて候

「能の台詞に注目」、第３回は「急ぎ候ほどに ○○に着きて候」という台詞を取り上げます。急いで来ましたら、○○（ここに地名などが入ります）に着きました、という意味です。「急ぎ候ほどに これははや○○に着きて候」、「これははや」が入ることもあります。早くもどこどこに着いてしまいました、ということですね。

能でよくある所作の表現に、例えば一足つまり一歩前に踏み出すことで、空間・時間を一気に飛び越えてしまう、というものがあります。相当の距離を移動しているのをたった一足で表現してしまうのですね。能の特徴的な表現方法の一つと言えるでしょう。

いくつかの能から、この台詞を見てみましょう。

☆《玉鬘》（観世流の表記）
　　＊宝生流・金春流・金剛流・喜多流では《玉葛》 読み方は同じ
　前ジテ：里の女　後ジテ：玉鬘内侍の霊　ワキ：旅の僧
　アイ：初瀬寺の門前の者
　季節　九月
　所　　大和国　長谷寺（現在の奈良県桜井市初瀬）

曲柄　四番目物

　最初に《玉鬘》を取り上げましょう。『源氏物語』の「玉鬘」に題材をとった物語です。最初に、旅の僧、この人がワキで、この僧が奈良の霊仏霊社つまり寺や神社をくまなくまわったので、今度は初瀬詣をしようと言います。初瀬詣とは、奈良の長谷寺への参詣、現在の奈良県桜井市の長谷寺へお参りをすることです。この寺は古くからご本尊の十一面観音菩薩で知られ、古典文学の中にもよく登場し、平安貴族もあこがれた霊場です。

　さて、この能の最初で「ヘこれは諸国一見の僧にて候」と名乗ります。僧は霊場巡りをして初瀬川に到着し、この台詞となります。「ヘ急ぎ候ほどに　初瀬川に着きて候」。急いで来ましたら、ついに目的地の初瀬川に着きました、と喜び勇んで言うのですね。

　するとそこに、一人小舟を操り初瀬川をのぼってくる女が現れます。女は長谷寺の「二本の杉」に僧を案内します。女は、「二本の杉」は古い歌にも詠まれている有名な杉で、『源氏物語』に登場する玉鬘の内侍ゆかりの杉の木だと語ります。そしてついに、私こそ……と玉鬘本人であることをほのめかして姿を消します。

　玉鬘という人は、『源氏物語』では、数奇な運命をたどった美しい女性として描かれています。光源氏のライバルでもあり親友でもあった頭中将と夕顔という女性との間に生まれたのがこの玉鬘。でも、生まれたことは秘密にされて、彼女は光源氏の養女として育てられるのですが。

　後場では、玉鬘の霊が現れ、妄執の念によって苦しむ様子を見せます。僧の弔いによってようやく過去の妄執から逃れることができましたというエンディングとなります。

☆《敦盛》
　前ジテ：草刈男　後ジテ：平敦盛の霊　ツレ：草刈男（三、四人）
　ワキ：蓮生法師　アイ：土地の男
　季節　八月
　所　　摂津国須磨一ノ谷（現在の兵庫県神戸市須磨区）
　曲柄　二番目物

82　　第3章　能の台詞に注目

次に、世阿弥作の修羅能として有名な《敦盛》です。《羽衣》と並んで、学校教育の教材として教科書に載っている能ですね。『平家物語(巻第九)』(梶原・山下　2018, pp.334-338) などに題材を取った敦盛の最期が、この能の中に出てきます。

　一ノ谷の合戦で平敦盛の首を討ち取った熊谷直実は、出家し蓮生法師（ワキ）という僧となっています。自分の息子と同年代の敦盛を手にかけたことがあまりにも痛ましく、出家し一ノ谷へ行き敦盛の供養をしたいのだというところから物語が始まります。そして、この台詞「〽急ぎ候程に　津の国一の谷に着きて候」、急いで来たのでもう一ノ谷に着きましたというわけです。蓮生法師が昔を思い出していると、笛の音が聴こえてきて、草刈の男たちがやってきます。その中の一人、これが前ジテです。その男が、「樵歌牧笛」、謡本の解説に「木こりの歌と牧童の草笛」と書かれています。その「樵歌牧笛」の故事や、自分の持つ笛は「青葉の笛」だと語ります。草刈の男は語るうちに、蓮生法師の弔いに感謝し、敦盛本人であることをほのめかして消え去ります。

　後場となり、敦盛の霊（後ジテ）が昔の姿で現れます。そして、平家一門の栄枯盛衰を語り、合戦前夜に青葉の笛を吹いたり今様朗詠を歌ったりした様子を再現し、舞を舞います（〈中ノ舞〉）。敦盛はかつての熊谷直実に討ち取られた様子を再現し、蓮生法師に斬りかかりますが、蓮生法師はただ祈り続けます。敦盛はその姿を見て、もはやお互いに敵ではないと悟り、蓮生法師にさらに弔ってくれるようにと頼み、姿を消します。

☆《富士太鼓》

　　シテ：富士の妻　ワキ：萩原院の臣下　子方：富士の娘　アイ：臣下の従者
　　季節　九月
　　所　　京都萩原院の御所
　　曲柄　四番目物

　続いて、《富士太鼓》を取り上げましょう。萩原院の御代、萩原院とは花園天皇のことです。その御代に宮中での管絃の太鼓の役をめぐって、浅間と富士という楽人が争い、富士が殺害されるという事件が起こったというところから

83

物語が始まります。夢見が悪く胸騒ぎを覚えた富士の妻、これがシテ、そして子方の富士の娘、二人がそろって都にやってきます。そこでこの台詞「〽急ぎ候ほどに 都に着きて候（急いで参りましたので、早くも都に着きました）」と。富士の妻の台詞に、私は摂津国住吉の楽人、富士の妻です、とあるので、現在の大阪市住吉、住吉の楽人の妻ですということですね。住吉から急いでやってきたら京の都に着きましたという台詞です。

　萩原院の臣下の男性が、富士の妻がたずねてきたと聞き、富士が非業の死をとげたことを伝え、形見の装束を富士の妻に渡します。

　舞台中央には、太鼓がすえられた美しい作り物が置かれています。富士の形見の装束を身に付けた妻が、太鼓をかたきとみなし、狂乱して太鼓を打ちます。恨みは晴れないのですが、日没となり、ようやく心に平穏を取り戻した富士の妻は、名残り惜しみながら静かに帰っていきます。

☆《安達原》（観世流）
　　＊宝生流・金春流・金剛流・喜多流では《黒塚》
　前ジテ：里の女　後ジテ：鬼女　ワキ：山伏祐慶　ワキツレ：同行の山伏
　アイ：能力
　季節　八月
　所　　岩代国安達郡泰平村黒塚（現在の福島県二本松市）
　曲柄　五番目物

　もう一つ、能《安達原》です。観世流だけこの名前で呼ばれ、他の流儀では《黒塚》と呼ばれています。《黒塚》は歌舞伎にもある演目です。

　今の福島県二本松市のあたり、安達原というところに山伏修行の僧の一行がやってきます。一行を率いるのは、祐慶（謡本には「イウケイ」とフリガナがふってあります）という高僧。この人がワキです。那智（和歌山県）から山伏修行を積んで諸国をめぐってきたと語ります。

　そこでこの台詞、「〽急ぎ候ほどに これははや陸奥の安達が原に着きて候（急いで参りましたので、早くも陸奥の安達原に着きました）」というわけです。ところがそこで日が暮れてしまい、人里もないなあと困っていると、遠くにあかりが見える。そこへ行って宿を借りようということになります。一行が一軒

84　第3章　能の台詞に注目

の庵にたどり着くと、中から歳たけた女（前ジテ）が出てきて、こんな粗末な庵でよいならと、宿を貸すのでした。

　山伏の一行と語り合いながら、女は枠桛輪を回します。これは紡いだ糸を巻き取る糸車のことです。女は孤独な身の上を嘆き、昔語りをしながら涙にむせぶのでした。私はこの場面を見ると、いつも、シューベルト作曲の歌曲《糸を紡ぐグレートヒェン》を思い出してしまいます。詩はゲーテの『ファウスト』からとられていて、グレートヒェンという女性が、愛するファウストと会えなくなった悲しみや孤独感を歌っています。一人糸車を回すことで、二度と戻らない過去の時間を手繰り寄せたい、でもそれはかなわないというような、悲痛な思いが描かれているように思います。

　さて、この能では、夜更けとなりあまりに寒いので、庵の主の女は薪を取りに山に行ってきましょうと告げ、「ヘわらはが帰らんまでこの閨の内ばし御覧じ候な（私が帰るまで私の寝室の中は決して見ないように）」と言い残し、出かけるのでした。見るなと言われたら、見たくなりますよね。不審に思った者が見てしまうのです。すると、そこには人間の死体が積み上げられているのでした。「恐ろしや」これは鬼の住みかだ！　と気づくのでした。

　全員あわてふためいてその場から逃げ出します。すると、背後から鬼の正体を現した女（後ジテ）が追いかけてきます。鬼女は怒り狂い、山伏たちに迫ってきて一口に食おうと襲い掛かってきますが、そこは修行を積んだ山伏です。法力によって、つまり強力なお経を次々唱えることで鬼女の力を奪います。そしてついに鬼女は祈り伏せられ、吹き荒れる夜の風の音に紛れるように消えてしまうのでした。

　今回は「急ぎ候ほどに○○に着きて候」という台詞に注目してみました。急いで来ました、そうしたらもう着きました、という台詞です。これから物語が始まる、その大事な「舞台」を示すような台詞でした。

4　アラヤナ　「あら○○の○○やな」

「能の台詞に注目」、第4回は「アラヤナ」を取り上げましょう。これは何か

85

というと「あら○○の○○やな」という台詞です。「あら○○や」という台詞は大変よく出てきます。例えば「あら不思議や」とか「あら面白や」「あら嬉しや」「あら恐ろしや」など。「おお、なんと不思議なこと」「なんと嬉しいこと」というような意味です。今日取り上げる「アラヤナ」も同じ意味ですが、これは主に、後ジテが、多くの場合人間ではない存在なのですが、後ジテが登場する際「あら○○の○○やな」としみじみと述べるような場面の台詞です。これまでに取り上げた「名ノリ」や「呼掛」のように多くの能に出てくるような台詞ではありませんが、これを述べる人物の心の底を表現するような台詞です。例えば、前場で僧たちが、シテである主人公の化身に出会い、この前ジテが、「これこれこういうことがあって、実は私は今話したその人なんです」とほのめかして姿を消す。僧たちがお経をあげ祈りながら待っていると、後ジテが本性を現して登場する。その時に、「あら○○の○○やな」と言うのですね。

　いくつかの能からこの部分を取り上げてみましょう。

☆《田村》
　前ジテ：童子　　後ジテ：坂上田村麿の霊　ワキ：旅の僧
　ワキツレ：同行の僧（二人）
　アイ：清水寺門前の者
　季節　三月
　所　　京都　清水寺
　曲柄　二番目物

　最初に《田村》からお話ししましょう。舞台は春も終わり頃、いまだ花盛りの京都の清水寺です。東国からやってきた旅の僧たちが、清水寺に到着すると、ほうきを持って桜の木の下を掃き清める少年に出会います。この少年が前ジテで、僧たちに問われるままに、この寺の来歴を語り、満開の桜を愛でながら舞を舞い、坂上田村麻呂ゆかりのお堂に入ったと思ったら姿が見えなくなります。そこにアイの清水寺門前の男が現れます。僧たちがさきほど不思議な少年が現れたと告げると、この男は、それはこの寺を建てたと伝えられる田村麿の化身だろうと教えてくれます。夜が更けて月夜となり、僧たちがお経をあげて待っていると、後ジテの坂上田村麿の霊が、鎧兜の光輝く武者の姿で登場します。

そこでこの台詞となります。「〱あらありがたの御経やな（なんと有難いお経だろうか）」と。喜んでいるのですね。このあと後ジテは戦いの様子を再現しつつ、勇壮な場面が続きます。

　坂上田村麿は、勅命を受けて、鈴鹿山というところの敵を退治した時のことを勇ましく語ります。その戦いに行く前に、軍勢を率いてこの寺の観音様に願をかけ、願いが通じて勝利し天下泰平を導いたのでした。見事に敵を討ち果たしたのは「〱観音の仏力なり」、つまり観音様の功徳のおかげだという言葉で、この能は締めくくられます。坂上田村麿については様々な伝説がありますね。《田村》では、「あらありがたの御経やな」、つまり有難いお経によって呼び出されたおかげで、大手柄を立てた時の誇り高き武勇伝を振り返り物語ることができたというわけです。

☆《山姥》

　前ジテ：女　後ジテ：山姥　ツレ：百万山姥　ワキ：百万山姥の従者

　ワキツレ：同行の従者　アイ：土地の男

　季節　季不知（不定）

　所　　越後国　上路の山中

　曲柄　五番目物

　「山姥」というと、山奥に住む老女の鬼というイメージが強く、人を食うという恐ろしい伝説があります。能には、前回取り上げた《安達原》のように、旅人に宿を貸し、その人たちを食い殺そうとするような物語もありますが、この山姥は神秘的な神のような存在として描かれています。

　ここに登場する旅人の一行は、百万山姥という名の、都では有名な遊女とその従者の男たち。百万山姥は山姥の山めぐりの様子を謡い舞う名人として知られています。一行が山道を進んでいくと、昼間なのに急に日が暮れてしまいます。そこに女が現れ、これが前ジテです。その女が、宿を貸してあげるからと、遊女の百万山姥に山姥の謡を所望し、自らの正体をほのめかします。一行はなんという不思議なことと驚き恐れるのでした。山姥は人を食らうと伝えられていますから。でもこの山姥は、山姥の謡をあなたが夜もすがら謡ってくだされば、その時に私も本当の姿で現れ一緒に謡い舞いましょうと約束したかと思う

87

と、「〽そのままかき消すやうに失せにけり」、消えてしまいます。

　そこにアイの男が現れて、山姥にまつわる物語を語ります。男の話に従って一行は準備をして待ちます。

　月が出ると約束通り山姥が恐ろしげな姿を現します。そして「〽あら物凄（モノスゴ）の深谷（シンコク）やな」という台詞です。「ああなんと物凄い、深い谷だろう」という意味ですね。感嘆しながらしみじみと二回繰り返して謡います。後ジテが「あら○○の○○やな」と言うこの台詞は、このように繰り返されることもよくあります。

　山姥の姿を見て「こわい！」と思いながらも、遊女の百万山姥は謡を見事に謡い、山姥はそれに合せて舞を舞いつつ、自らの生きざまを語ります。能《山姥》といえば、後場に美しい名台詞がたくさんあります。例えば、「〽そもそも山姥は生所（ショジョ）も知らず宿（ヤド）もなし」、生所、生まれたところもわからず住みかもないというのですね。その台詞の少しあとには、「〽邪正一如（ジャショオイチニョ）と見る時は 色即是空（シキソクゼクウ）そのままに（邪正一如、善も悪も一つのことであり、色即是空、この世にあるすべての物には実は実体はなく空である）」と、仏教の教えを引いています。続いて「〽仏法（ブッポオ）あれば世法（セホオ）あり 煩悩（ボンノオ）あれば菩提（ボダイ）あり 仏（ホトケ）あれば衆生（シュジョオ）あり 衆生あれば山姥もあり」と、リズム感よく地謡の謡が続きます。「仏あれば衆生あり」、仏がいれば人間もいる。人間もいれば山姥もいるのだよと。さらに、人を助けるのが山姥だと説きます。最後に雄大な景色の中に山廻（やまめぐ）りの様子を見せると、姿を消すのでした。「〽山また山に山廻りして 行方（ユクヱ）も知らず なりにけり」と、この能が終わります。「あら物凄の深谷やな」の台詞から広がる、雄大な宇宙観というか、スケールの大きな世界の余韻が残ります。

☆《経正（つねまさ）》（流儀によって《経政》と表記）
　　シテ：平経正の霊　ワキ：僧都行慶（ぞうずぎょうけい）
　　季節　九月
　　所　　京都　仁和寺（にんなじ）
　　曲柄　二番目物

　源平の合戦で戦死した平家の公達、平経正は優れた歌人であり琵琶の名手としても知られています。この能はその経正が主人公です。物語は、経正が幼少

88　第3章　能の台詞に注目

期を過ごした仁和寺で、経正追悼の法要が営まれるところから始まります。仏前には経正が生前よく弾いていた青山という名の琵琶の名器が供えられています。ワキの行慶という僧が祈りをささげると、シテの経正の霊が現れ、昔を懐かしんで琵琶の青山を弾き、ひとときの夜遊、夜の管絃の宴に心を慰めるのでした。

　法要もだんだん終わりに近づき、音楽に興じる時間が残り少ないことを惜しんで、「ヘあら名残惜しの夜遊やな」という台詞となります。実はこれは、シテの経正が自分の台詞として言うのではなく、地謡が経正になりかわって謡います。能ではこういうことがよくあります。地謡が登場人物の思いをまるで本人になったように謡ったり、登場人物自身が第三者的な立場から「誰々はその時こう言った」というように謡ったりします。この能は一場物なので、後ジテ登場の台詞ではないのですが、「あら名残惜しの夜遊やな」が大きな場面転換のきっかけともなります。このすぐあとに経正は苦しみの声をあげ、修羅道に再び落ちてしまいます。灯火に飛び込んで、そのまま姿を消すのでした。

　今回は「アラヤナ」「あら○○の○○やな」に注目してみました。シテの心情をしみじみとあらわす台詞でした。

5　如何なる人にてましますぞ　あなたはどういうお方でしょうか？

　「能の台詞に注目」、第5回は「如何なる人にてましますぞ」を取り上げます。その能の場面によって少し言い回しが異なることもありますが、「一体あなたはどういうお方でしょうか？」という意味ですね。例えば、前場の場面で登場した、いかにも不思議な雰囲気の、いわくありげな人物に対して、旅の僧が「如何なる人にてましますぞ」と問いかける台詞として出てきます。

　いくつかの能から、この台詞を見てみましょう。

☆《井筒》
　前ジテ：里の女　後ジテ：紀有常の娘の霊　ワキ：旅の僧　アイ：里の男
　季節　九月

89

所　大和国　石上（いそのかみ）　在原寺（ありわらでら）　（現在の奈良県天理市　在原神社）

曲柄　三番目物

　最初に、《井筒》からお話ししましょう。《井筒》は、世阿弥作で、多くの方々がこれこそ能というイメージをお持ちの、能らしい能といえるのではないでしょうか。しっとりとした風情の、美しい物語です。世阿弥自身「上花也（じょうかなり）」（『申楽談儀』表・加藤　1974, p.286）、つまり「最上級の作品である」と言っている自信作で、『伊勢物語』から題材をとっています。美しい和歌がいくつも出てくることでも知られています。次の歌はこの能のテーマと深く関わっていますね。「筒井筒（つついづつ）井筒にかけしまろがたけ　過ぎにけらしな妹（いも）見ざるまに（筒井戸を囲う井筒（井戸の枠）と比べ合った私の背丈も、その井筒の高さを越えてしまったなあ、あなたに会わないうちに）」。

　前場では、前ジテの里の女が昔を懐かしんで語ります。後場では、後ジテの紀有常の娘の霊が、夫の形見の装束をまとい、思いを募らせて舞を舞うという場面が幻想的です。

　前場で、旅の僧（ワキ）が在原寺に到着し、休んでいると、不思議な女が姿を現します。「ヘいとなまめける女性（ニョショウ）（大変優美な女性）」が、「ヘ庭の板井を掬（ムス）び上げ花水（ハナミズ）とし　これなる塚（ツカ）に廻向（エコオ）の気色（ケシキ）見え給ふ（庭の板囲いの井戸から花を供えるための水をくみ上げ、亡くなった方を供養している様子でいらっしゃる）」というのですね。舞台の前の方に井筒の作り物が置かれています。そして、この台詞となります。旅の僧は大変心ひかれたのでしょう。そのような様子のあなたは「ヘ如何（イカ）なる人（ヒト）にてましますぞ」と。するとその女は「ヘこれはこの辺に住む者（モノ）なり」と答え、この在原寺ゆかりの、在原業平の御霊を弔っているのだと言い、在原業平と紀有常の娘との恋物語を語るのでした。

　女はついに、実は私がその有常の娘、井筒の女とも呼ばれたのは私なのですと正体を明かし、井筒の陰に消え去ります。

　後場では、僧の夢の中に有常の娘の亡霊（後ジテ）が現れ、在原業平の形見の装束の冠と、直衣（のうし）という男性貴族の普段着の着物を身に付けています。女が男の扮装をしているわけですね。有常の娘の霊は、井戸の水鏡に自らの姿を映し、そこに愛する人の姿を見て、「ヘ見ればなつかしや」[1]と謡います。大変美しい場面です。幸せな日々を懐かしみつつ、ほのぼのと夜も明けていく中、

女の亡霊は消え、旅の僧の夢も覚めていくのでした。

☆《野宮》

前ジテ：里の女　後ジテ：六条御息所の霊　ワキ：旅の僧　アイ：土地の男

季節　九月

所　京都　嵯峨野　野宮の旧跡（現在の京都市右京区嵯峨）

曲柄　三番目物

　次に、『源氏物語』を題材とした《野宮》を取り上げましょう。晩秋の嵯峨
野を訪れた旅の僧（ワキ）が、野宮の旧跡を参拝します。僧が昔を偲び心を澄
ましていると、女（前ジテ）が登場します。「ヘいと艶めける女性一人忽然と
来り給ふ（大変優雅で美しい女性が忽然と現れておいでになった）」というわ
けです。この前に取り上げた《井筒》と同じ台詞ですね。そして、この台詞
「ヘ如何なる人にてましますぞ」と僧が問いかけます。すると、女はこう言い
ます。「ヘ如何なる者ぞと問はせ給ふ　其方をこそ問ひまゐらすべけれ（どのよ
うなお方かと私におたずねになるあなたこそ、どなたでしょうか）」と。問い
をそのまま返すような返事です。女は、直ぐには正体を明かさず、折しも今日
「長月七日」と詞章にも出てきますが、旧暦九月七日ですね。今日は光源氏が
野宮にいた六条御息所のもとを訪ねて来た日だと言い、毎年九月七日に神事を
行っているので、神事の妨げにならないよう、僧にこの場を去るようにと女が
言います。ところが、僧は、私は出家の身で世捨て人なのでお気になさらず、
と言うのですね。立ち去りがたい、この女性からもっと話を聞きたいという姿
勢です。でも私がいることはお気になさらずにどうぞ、という感じでしょうか。
対話が進むにつれて、女は少しずつ昔語りを始めます。そして、ついに六条御
息所は私ですと正体を明かし、姿を消すのでした。

　夜が更けて、後場となります。僧が弔っていると六条御息所の霊（後ジテ）
が牛車に乗って現れ、昔を懐かしみながら、孤独や妄執の思いをつのらせて、〈序
ノ舞〉という舞を舞います。『源氏物語』に出てくる六条御息所といえば、生
霊となって、若い源氏の正妻、葵上を呪い殺したというお話が有名ですね。葵
上との車争いで、はずかしめを受けたことも物語に出てきます。六条御息所は、
大変身分も高く、気品に溢れ、知性も教養もある女性として描かれていますが、

91

だからこそ、嫉妬や孤独の念を決して表に出さず、苦しんだのですね。

　能《野宮》では、舞台上に鳥居の作り物が置かれていて、これは六条御息所の心情と深く関わっています。「ヘ鳥居に出で入る」という言葉が出てきますが、六条御息所が、鳥居に一歩踏み入れた足をそのまま後ろに戻すという所作があります。妄執から抜け出したいけれど昔恋しい。迷っている心情を表していると言われます。鳥居をくぐって越えてしまえば、この妄執から解脱できるのに、越えられない。毎年九月七日にここに来てしまうのは、鳥居をくぐらせることで、私を救おうとする神様の思し召しなのかもしれない。そう言うと、六条御息所の霊は再び牛車に乗り姿を消すのでした。

☆《舎利》

　前ジテ：里の男　後ジテ：足疾鬼　ツレ：韋駄天　ワキ：旅の僧
　アイ：能力
　季節　季不知（不定）
　所　　京都東山泉涌寺（現在の京都市東山区泉涌寺）
　曲柄　五番目物

　出雲の国からやってきた旅の僧（ワキ）が、仏舎利（入滅したお釈迦様の遺骨）や十六羅漢を拝むために京都、泉涌寺を訪れます。能力（力仕事をする寺の男）に案内され、仏舎利を拝んだ僧は、感激し感動のあまり「袖をも濡す」、涙を流すのでした。すると怪しげな雰囲気の里の男（前ジテ）が現れます。僧は、私が仏舎利を拝み申し仏前で仏のことわりを静観して、物寂しい様子でいるところに、仏法を尊ぶ声がする。そのようなあなたは「ヘ如何なる人にてましますぞ」と、この台詞です。僧が問いかけると、男は答えます。「ヘこれはこの寺の辺に住む者なるが 妙なる法の御声を受けて 此処に立ち寄るばかりなり（私はこの寺のそばに住む者で、すばらしい仏法の声を聞いてここに立ち寄ったのです）」。男は仏舎利について詳しいのですね。そのいわれを語るうちに、空がにわかにかき曇り、雷鳴がとどろきます。男は、実は我こそ、その昔仏舎利を奪って逃げた足疾鬼の執心だと明かします。足が速い鬼なので足疾鬼という名前です。その鬼が「この舎利に今も思いがあるのです。お許しくださいお坊様」と言うと、舎利を奪い取り舎利殿の天井を蹴破り空の彼方に消え去りま

した。

　後場となり、この寺を守る韋駄天（ツレ）が登場します。韋駄天も足の速さで知られていますね。仏法の守護神です。その昔、足疾鬼が奪い去った舎利を、取り返したのが韋駄天。最後の場面は、足疾鬼と韋駄天の疾走感あふれる追いかけっこのようなダイナミックな展開となります。なかなか決着がつかないのですが、ついに韋駄天が足疾鬼を捉え、舎利を取り返します。泉涌寺にめでたく舎利が戻り、足疾鬼は力尽き、消え去るのでした。

　今回は「如何なる人にてましますぞ」に注目してみました。「あなたは一体どういうお方なのでしょうか？」と、言わずにはいられない、不思議な人物への問いかけの台詞でした。

注
1) 仕舞《井筒》については師匠の観世銕之丞先生から大事なご指導がたくさんありました。シテの謡「見ればなつかしや」のところは、井筒のすすきをのけ井筒の中をしっかりのぞき込んで「お腹の中で、一、二、三くらい勘定して」から、静かにゆっくり謡い出すようにとご指導いただきました。また、「見ればなつかしや」のあとの場面について次のようにおっしゃいました。「既成の時間をこわしちゃっている状態なので、（中略）時間がなくなっちゃった世界に動いている。ですから、あまり理にかなって動いちゃうと面白くないんです。もっと時間をくずす。ゆっくり動いてください」と（2009年4月〜5月、銕仙会能楽研修所における稽古より）。師匠はまた、この仕舞の最後の詞章「夢も破れて覚めにけり」のところの足拍子によって、これまでなくなっていた時間がまた動き出すと説明されました。以上、師匠のご了承を得て記しました。能《井筒》の時間性については、機会を改めて論じることができればと思います。

6　かかりける處に　　このようなところに

　「能の台詞に注目」、今回は「かかりける處に」という台詞を取り上げます。「このような所に、これこれこういう所に」というような意味です。登場人物が、さあこれから物語を語りましょうという、その始まりの場所であるこういう所に、誰々という人がいて、こんなことやあんなことがあって……と、大事なことを語り始めるきっかけとなる台詞です。

　いくつかの能から、この台詞を見てみましょう。

93

☆《碇潜》　（シテ方五流のうち観世流、金剛流でのみ演じられている）
　　前ジテ：尉（船頭の老人）　後ジテ：平知盛の霊　ワキ：旅の僧
　　（後ツレ：二位の尼の霊　後ツレ：大納言の局の霊）
　　（ツレ二人は観世流の通常の演出では登場せず、金剛流のみ登場）
　　アイ：浦人
　　季節　季不知（不定）
　　所　　壇ノ浦（現在の山口県下関市）
　　曲柄　五番目物

　最初に《碇潜》を取り上げましょう。旅の僧が長門の国にやってきます。現
在の山口県下関市です。「早鞆の浦」と謡本にはありますが、このあたりの海
は平家が船戦で滅んだ場所として有名な壇ノ浦の戦いの場所です。旅の僧は、
私は平家に所縁ある者なので、一門の霊を弔いたいと思いこの地を訪れたと言
います。そこへ、船頭の老人（前ジテ）が船でやってきます。僧は、船に乗せ
て渡してほしいと頼みます。船頭は、それなら船賃が必要だと言いますが、出
家の身なのでお金は持っていないと僧が答えます。船賃のかわりにお経を読誦
しましょうと僧が申し出ると、船頭はそれは有難いご縁だと大喜びし、読経に
耳を傾けるのでした。

　無事向こう岸に着くと、船頭が壇ノ浦の合戦の様子を語りはじめます。そし
てこの台詞が出てきます。「ヘかかりける處に」と船頭が謡うと、地謡が「ヘ
かかりける處に」と繰り返し、壇ノ浦の激しい船戦の様子が語られます。語る
うちに、船頭は実は自分は平家一門の者と明かし、平教経の最期を語ると、弔っ
てくださいと僧に頼み姿を消します。

　後ジテは平知盛。平家一門の大将のような存在だった武将ですね。長刀を持っ
て現れ、船の上からたくさんの源氏の兵を薙ぎ払い倒したけれども、源氏のほ
うがだんだん優勢になり、知盛は最期を覚悟し、鎧兜を二重に身に付け重しと
して、船の碇の綱を「えいやえいやと」引き上げ、「ヘ兜の上に　碇を戴き兜の
上に　碇を戴きて　海底に飛んでぞ入りにける（碇を兜の上にいただき、そのま
ま海の底に飛び込んで沈んでいった）」という最期を見せます。

　2024年2月に学生たちと一緒にこの能を観ました。一人の学生の感想は

「めっちゃカッコよかったです！」この日の能の素晴らしさを凝縮した一言でした。

☆《夜討曽我》

前ジテ：曽我五郎時致　後ジテ：前同人　　前ツレ：曽我十郎祐成

前ツレ：団三郎

前ツレ：鬼王　後ツレ：古屋五郎　　後ツレ：御所五郎丸

後ツレ：郎等（二人）

オモアイ：大藤内（祐経の家来）　　アドアイ：狩場の者

季節　五月

所　　富士の裾野

曲柄　四番目物

　続いて《夜討曽我》です。曽我兄弟の仇討ちの物語は大変有名で、能では《小袖曽我》《禅師曽我》などがあります。歌舞伎でも、例えば《寿曽我対面》など、曽我兄弟の物語を題材とした演目は人気が高いですね。

　父の仇工藤祐経を討ち取ろうと、曽我の十郎（前ツレ）、五郎（前ジテ）兄弟は、源頼朝主催の富士の裾野での巻狩（獲物を追い込んで仕留める狩り）に参加することにします。死を覚悟して仇討ちにのぞむ兄弟は、里に残してきた母のことが心配でなりません。自分たちが死んでしまったら母はどうなるのか。そこで、忠実な家来二人に、形見の品を母のところへ届けるように命じます。家来たちは、自分たちも命を捨てる覚悟がありますと、互いに刺し違えて死のうとするのですが、兄弟が急いで止めます。主従の道の礼節を聞き、涙にむせぶ家来二人は、曽我の里へ向かうのでした。

　後場で、曽我の十郎、五郎兄弟は、工藤祐経を見事に討ち果たしますが、やはり命がけの仇討ちなのですね。このあと二人は頼朝の家来と戦うことになり、激しい斬り合いの様子が地謡によって迫力いっぱいに表現されます。そこにこの台詞が、「へかかりける處に　かかりける處に」と繰り返され、兄弟の奮戦の様子が語られます。そしてついに力尽きて、兄の十郎は討たれ、五郎も縄にかかってしまうという結末となります。

95

☆《龍虎》　観世信光作

前ジテ：尉（木こりの老人）　後ジテ：虎　前ツレ：木こりの男

後ツレ：龍

ワキ：僧　ワキツレ：同行の僧　アイ：仙人または所の者

季節　季不知（不定）

所　　唐土（中国）の山の中

曲柄　五番目物

　もう一番、《龍虎》を取り上げましょう。タイトルに龍と虎ですから、強い
感じがしますね。スペクタクル的な能を得意とする観世信光作であるとされて
いて、華やかさ、ダイナミックさもたっぷりのお話です。この能には、龍と虎
にまつわる中国の故事も出てきます。龍虎といえば、強大な力を持つ、二人の
豪傑を示す言葉としても使われます。「龍が鳴けば雲が起こり、虎がほえれば
風が起こる」というのも中国から来た言い伝えです。

　さて、日本各地で修行を積んだ僧が、仏法流布のあとをたずねて船で唐土に
渡るというところから物語が始まります。無事唐土に到着すると、ある山で木
こりの老人（前ジテ）と若者（前ツレ）に出会います。すると、遠くに見える
竹林を、にわかに雲が覆い強い風が吹いて不思議な景色となるので、僧が木こ
りの老人にたずねると、あれは龍虎の戦いだというのです。そして、虎は嵐の
ような風を起こし、龍は雲を呼び雨や雷を起こすのだと教えてくれます。

　龍と虎の戦いの様子を見たいなら、竹林の岩陰に身を隠して待ちなさいと老
人が言うと、薪を背負った老人と若者は家路へと、山を降りて見えなくなりま
した。

　後場となり、舞台には一畳台が運ばれ、その上に虎が住む竹林の岩の洞窟を
あらわした作り物が置かれます。僧たちがじっと待っていると、急に雨が降り
始め、あたりに雷鳴がとどろき、光る稲妻の中に「金龍」金色の龍（後ツレ）
が現れます。すると、岩の洞窟にこもっていた「悪虎」（後ジテ　「悪」は強い
という意）が姿を現し、龍が呼び出した雲を強風で吹き返します。虎と龍の姿
にも注目です。派手やかな装束に、虎は白頭（白い髪のかつらで後ろ髪は腰に
かかるほどの長さ）、龍は赤頭（赤い髪のかつらで虎のかつらと同様の形）、そ
れぞれ打ち杖を持ち（虎は葉のついた切り竹にも）、虎と龍をかたどったもの

96　　第3章　能の台詞に注目

を冠に戴いています。「ゝ恐ろしかりける気色かな」と、僧たちはその様子を見守るのでした。

　そこでこの台詞です。「ゝかかりける處に　かかりける處に」。続いて、龍が雲から下ってきて虎をやっつけようと飛びかかり、お互い一瞬のすきもない激しい戦いとなりますと地謡が謡うと、その言葉通り、後ジテの虎が作り物の中から登場し、龍は虎に巻きついて覆いかけるようにして殺そうとしますが、虎も負けていません。身をかわし龍を追い詰めて食い殺そうとします。

　決着がつかないまま、龍が雲の彼方に飛び去ると、虎は岩の上に上って無念の様子です。虎はまた竹林に飛び帰りそのまま岩の洞窟に入ってしまうのでした。

　今回は「かかりける處に」という台詞に注目してみました。「かかりけるところ、このようなところ」の重要性に注目させ、このあとに語られる物語がとても大事ですよ、最大の見せ場をしっかり観て聴いてくださいと言っているように思います。

7　いかに申すべき事の候　　申し上げたいことがございます

　「能の台詞に注目」、今回は「いかに申すべき事の候」という台詞です。「あの、申し上げたいことがございます」というような意味ですね。登場人物が、改めて言いたいことがある、と。大事な台詞です。そして、この言葉を聞いた相手が、「何事にて候ぞ」と問い返すことが多いです。言いたいことは何ですかと、さらなる発言を促すわけです。そして物語は先へと進み、重要な場面に迫っていく展開となります。

　いくつかの能から、この台詞を見てみましょう。

☆《雲雀山》
　前ジテ：乳母の侍従　後ジテ：前同人　子方：中 将 姫
　ワキ：右大臣藤原豊成
　ワキツレ：豊成の従者　ワキツレ：中将姫の従者

97

アイ：鷹匠、勢子 (狩猟の場で鳥獣を追い出したり逃げるのを防いだりする
　　　役)、犬引 (猟犬使い)

季節　四月

所　　大和国雲雀山（現在の奈良県宇陀市）

曲柄　四番目物

　まず《雲雀山》を取り上げましょう。最初に右大臣藤原豊成の従者（ワキツ
レ）が登場し、中将姫の身の上について次のように語ります。中将姫 (子方) は、
豊成公の娘なのですが、さる人の「讒奏」により命を奪われそうになります。「讒
奏」とは、天皇などに対して讒言を奏するの意。「讒言」も耳慣れない言葉ですね。
他人をおとしいれるために偽りの誹謗中傷を言うことです。豊成は、あろうこ
とか、この偽りの言葉を真に受けて、姫を雲雀山の山奥に連れていって殺すよ
うにと従者に命じたのでした。

　ところが従者は殺すことなどできません。それで、姫に仕える乳母の侍従(シ
テ) とともに、雲雀山の庵に姫をかくまうのでした。乳母は、草花を摘んで里
へ行って売り、姫と細々と暮らしています。豊成の従者がここまで状況を語っ
たところでこの台詞が出てきます。従者は乳母に対して「ヘいかに申すべき事
の候」と。すると、乳母は「ヘ何事にて候ぞ」と応えます。従者は「ヘ今日も
また里へ御出で候ヘ」と、里へ花を売りに行くように促すのですね。さらに
乳母は「ヘさらば姫君に御暇を申し候べし（姫君に行ってきますと申し上げて
きます）」と言います。

　そして再びこの台詞が出てきます。今度は乳母から姫君へ「ヘいかに申すべ
き事の候」それに続いて、今日もこれから里へ出かけて行って、用が済んだら
直ぐに帰りますと言います。このあとの二人の対話から、貧しくわびしい生活
の様子が伝わってきます。

　さて、後場となり、乳母が里へ向かう途中で、なんと、雲雀山に狩りにやっ
てきた豊成とその従者たちと遭遇します。乳母は花売りとして、花にちなんだ
漢詩や和歌を巧みに引きながら、自らの境遇を語ります。そうするうちに、豊
成は、この女性こそわが娘に仕えていた乳母だと気づき、自らの行いを後悔し、
涙を流しながら、姫君と会わせてほしいと言うのでした。最後はめでたく親子
の再会が果たされ、豊成が姫を連れ帰るというハッピーエンドとなります。

☆《三井寺》

　　前ジテ：千満の母　　後ジテ：前同人　　子方：千満丸　　ワキ：三井寺の僧

　　ワキツレ：従僧（三人）

　　オモアイ：門前の者　　　アドアイ：能力

　　季節　　八月

　　所　　　前場；京都清水寺（現在の京都市東山区清水）

　　　　　　後場：近江国三井寺（現在の滋賀県大津市園城寺町）

　　曲柄　　四番目物

　　続いて《三井寺》です。京都の清水寺の観音様に祈る女（シテ）が登場します。この能では最初からシテが登場するのですね。この女性は生き別れになった息子千満丸との再会を祈っているのでした。すると三井寺へ行きなさいという夢のお告げがあり、女性は三井寺へ旅立ちます。

　　後場となり、三井寺の場面です。寺の僧（ワキ）と従僧たち（ワキツレ）が、最近寺に仕えることになった少年（子方）とともに月見をしています。先ほどの女性は、物狂となって現れます。ここは女人禁制の寺なのですが、能力、つまり寺の下働きの男（アイ）の手引きで、女性は寺に入り込み、鐘の音を聴いて益々興に乗り、鐘楼にあがり鐘をつきます。舞台上には、小さな鐘が吊られた、鐘楼の作り物が置かれています。有名な台詞が出てきます。地謡「〽初夜の鐘を撞く時は」、シテ「〽諸行無常と響くなり」、地謡「〽後夜の鐘を撞く時は」シテ「〽是生滅法と響くなり」。

　　そして、少年がこの台詞、「〽いかに申すべき事の候」と言います。するとワキの三井寺の僧が「〽何事にて候ぞ」と。さらに少年は「〽これなる物狂の国里を問うて賜はり候へ（この物狂の女性の郷里はどちらなのかおたずねになってください）」と言います。女性が「〽これは駿河の国清見が関の者にて候（私は駿河の国清見が関の者でございます）」と答えると、少年は「なんと、清見が関の人ですか」。その声を聞いた女性は、声の主こそわが子の千満丸ではないかと気づくのでした。息子との再会がかない、二人連れだって故郷へ帰るというハッピーエンドです。

☆《野守》

　　前ジテ：野守の翁　　後ジテ：鬼神　　ワキ：山伏　　アイ：春日の里人

季節　正月
所　　大和国春日野（現在の奈良県奈良市）
曲柄　五番目物

　もう一番、世阿弥作の《野守》を取り上げましょう。野守とは、野を守る番人のことです。

　最初に、出羽の羽黒山（はぐろさん）からはるばるやってきた山伏（ワキ）が大和国、春日の里に着き、野守の老人（前ジテ）と出会います。山伏が、目の前にある由緒ありそうな池についてたずねると、野守は、これこそ「野守の鏡」だと答え、野守の鏡とは、昔鬼神（きじん）が持っていた鏡だといわれを語ります。

　そしてこの台詞が出てきます。ワキの山伏が「ヘいかに申すべき事の候」と。「ヘ箸鷹（ハシタカ）の野守の鏡と詠（よ）まれたるも　この水につきての事にて候か（箸鷹の野守の鏡と詠まれているのも、この池のことでしょうか）」と続きます。「箸鷹（ハシタカ）の野守の鏡」と詠まれているのは、こういう和歌です。「箸鷹（ハシ）の野守の鏡得てしがな　思ひ思はずよそながら見む（箸鷹の所在を映し出したという野守の鏡を得たいものだなあ。あの人が私を思っているのかいないのか、遠くから見ようと思うから）」。山伏の問いかけにと、野守の老人は、「その通りです。いわれを語って聞かせましょう」と答えます。

　物語を聞くうちに山伏が、本物の「野守の鏡」を見たいと言うのですが、野守は、それは恐ろしい鬼の持つ鏡なので、見ることはかなわないと言い、塚の中へ消えてしまいます。舞台上には作り物の塚、謡本には「山」と書かれています。竹の枠の上に、縦長のテントのような形に布が張ってあり、頂上には榊の枝が重なって乗っています。

　さて、後場となり、山伏が一心に祈っていると、鬼神（後ジテ）が大きな丸い鏡を手に持って塚の中から現れます。野守の鏡は、天界から地獄まで、すべてのものを映し出すのだと鬼神は語り、鏡にいろいろなものを映し出して、山伏に示すのでした。迫力たっぷりの台詞でこの能は締めくくられます。「ヘ大地（ダイチ）をかっぱと踏み破（ヤブ）って奈落（ナラク）の底（ソコ）にぞ入りにける（鬼神は、大地を踏み破って奈落の底へと姿を消すのでした）」。仕舞という上演形式では、扇を二つ持ち、左手に持った扇が野守の鏡を表します。ダイナミックで勇壮で、清々しく荘厳な空気が舞台に満ちるような、魅力たっぷりの能です。

100　第3章　能の台詞に注目

今回は「いかに申すべき事の候」という台詞に注目してみました。「申し上げたいことがございます」という台詞をきっかけに、物語が展開し深まっていく大事な台詞でした。

8　よくよく物を案ずるに　　よくよく考えてみたら……

「能の台詞に注目」、今回は「よくよく物を案ずるに」という台詞を取り上げましょう。よくよく考えてみたら……という意味ですね。

　物語がある程度進んできて、「よくよく考えてみたら、こういうことですよね」と思い至るような、そんな場面で出てくる台詞です。

　いくつかの能から、この台詞を見てみましょう。

☆《自然居士》
　シテ：説教師自然居士　子方：少女（または少年）　ワキ：人商人
　ワキツレ：人商人の仲間　アイ：雲居寺門前の男
　季節　季不知（不定）
　所　　雲居寺（現在の京都市東山区河原町にあった寺）
　　　　近江国　琵琶湖　（現在の滋賀県）
　曲柄　四番目物

　最初に《自然居士》を取り上げましょう。シテは自然居士、この能のタイトルとなっている、仏の教えを説きながら修行している説教師の若者です。その自然居士が、京都の雲居寺、（「くもいでら」という読み方も出てきます）で七日間かけて人々に仏の教えを説いています。最終日に、一人の少女（子方）（この役は少年が演じることもありますが、少女として登場することも多いです）が、一枚の小袖を自然居士に捧げ、亡き両親を弔ってくださいと頼みます。けなげな姿に、自然居士も人々も「袖を濡らす」つまり涙を流します。

　するとそこに人商人が登場し、あっという間に少女を連れ去ってしまうの

101

でした。人商人は、人身売買をなりわいとする者です。《桜川》（p.107）という能にも出てきます。

　さて、少女は、両親の追善供養をしたいがために、自分の身を売って、小袖を手に入れたのでした。自然居士は少女の救出に向かいます。やがて琵琶湖のほとりで一行に追いつきその船に乗り込み、人商人たちからどんなに脅されようと、少女を返すようにと言って一歩もひきません。少女の解放をしぶしぶ決めた人商人たちは、そのままでは気持ちがおさまらないので、かの有名な自然居士の舞を見せろと要求します。舞を舞わせながらさんざんいじめてやろうと、人商人同士でしめし合わせます。

　そして舞台上で烏帽子を着けた自然居士がまさに舞を舞おうという時に、この台詞を言います。「〻よくよく物を案ずるに」と。そしてこんな台詞が続きます。少女を救い出したけれど、人商人にしてみれば、ただ放してやるのでは不満がおさまらない。だから私をさんざんいじめて恥をかかせてやろうというのだな。あまりにもひどいことではないか、と。

　自然居士は人商人の企みをよくよくわかっているのです。その上で、無理難題を次々とこなし芸尽しの舞を舞っていきます。わが身を捨ててでも人を救おうというその思いは揺るがないのですね。ついに少女を無事解放させ、ともに都へ帰っていくという清々しいエンディングです。

＊「自然」とは、仏教語としては、おのずからそうであることというような意味で、「このようにありたい」というあり方でもあると言われています。「居士」とは、出家せずに在家のまま仏道の修行をする男子のこと。

☆《源氏供養》
　　前ジテ：里の女　後ジテ：紫式部の霊　ワキ：安居院の法印
　　ワキツレ：同行の僧（二、三人）
　　季節　三月
　　所　　近江国　石山寺（現在の滋賀県大津市）
　　曲柄　三番目物

　次に、《源氏供養》を取り上げましょう。タイトルの「源氏」とは、『源氏物語』のことです。

102　第3章　能の台詞に注目

最初に、安居院の法印と名乗る僧（ワキ）とその一行（ワキツレ）が登場します。謡本には「アゴキ」とフリガナがあります。この人は平安から鎌倉時代に実在した聖覚（せいかくまたはしょうかく）というお坊さんで、「安居院法印」の通称で知られる人物です。安居院法印は、仏法を説いて人々を仏の道へと導く「唱導」の名手として活躍し、この能の冒頭部で「今日は、私が信仰する石山観音にお参りするところです」と言います。

　そこに一人の女（前ジテ）が登場し、「私はその昔この石山寺にこもり『源氏物語』を書き上げました。しかしその物語の供養を怠ったため、成仏できずにいます。どうか供養をして私を救ってください」と安居院法印に頼むのでした。そうなんです。この女の正体は『源氏物語』の作者、紫式部の幽霊というわけです。

　夜が更けると、安居院法印の一行は『源氏物語』の供養をし、紫式部の霊を弔います。すると、後ジテの紫式部の幽霊が本来の姿で現れ、感謝を込めて舞を舞うのでした。

　この能の最後の場面で地謡が言うのが「ヘよくよく物を案ずるに」という台詞です。続いて、「ヘ紫式部と申すはかの石山の観世音」、紫式部こそかの石山観音なのだと。その観音様がこの世に現れて、そこに綴られた物語は夢の世のような儚いものなのだと人々に伝えようとしたのだという台詞で、この能が終わります。

☆《草子洗小町》（観世流）　＊流儀によって《草紙洗小町》、《草紙洗》
　前ジテ：小野小町　後ジテ：前同人　ツレ：紀貫之
　ツレ：壬生忠岑　ツレ：凡河内躬恒　ツレ：官女（二人）
　子方：帝　前ワキ：大伴黒主　後ワキ：前同人
　アイ：黒主の下人
　季節　四月
　所　　前場：京都小野小町邸　後場：京都内裏
　曲柄　三番目物

　もう一つ、《草子洗小町》を取り上げましょう。観世流では《草子洗小町》の「草子」の「し」は子供の「子」と表記しますが、流儀によって《草紙洗小町》、

103

草紙の「し」を「紙」と書いたり、単に《草紙洗》と呼んだりします。

　物語は、大伴黒主の悪事、陰謀が中心となっています。大伴黒主という人は平安時代の歌人ですが、歌舞伎でもなぜか悪者として描かれていますね。

　能《草子洗小町》では、ワキの大伴黒主が宮中での歌合せ（和歌による対戦、勝負ごと）に勝ちたいという思いから、歌合せの相手の小野小町（前ジテ）の家に忍び込み、小町が詠んだ歌を盗み聞きます。その歌は古歌だと主張するために、黒主は『万葉集』の草子にその歌を書き入れるのでした。小町は大変な歌の名手なので、自分がかなうような相手ではないから、陥れてやろうというわけです。

　歌合せ当日、帝（子方）の前にツレの紀貫之、壬生忠岑、凡河内躬恒といった錚々たる歌人が勢ぞろいし、小町（後ジテ）の歌が読み上げられます。すると黒主がこれは古歌の盗作だと主張し、万葉集の草子を差し出します。ところが、その歌のところだけ筆の様子が他と異なっていることに小町が気づき、草子を洗ってみてくださいと言うのでした。

　はたして、草子を洗うとその歌だけが洗い流されて消えてしまい、入筆、つまりあとで書き入れたものだということが判明します。

　企みがばれてしまった黒主が言うのがこの台詞。「〽よくよく物を案ずるにかほどの恥辱よもあらじ　自害をせんと罷り立つ」（よくよく考えてみれば、これほど恥ずかしいことはない。自害をしようと席を立ち退出しよう）」というわけですね。すると小町が止めます。これも歌の道への強い思いのためだからと小町がとりなし、黒主の罪は許されるのでした。こうして歌合せはめでたくおさまり、小町が春の景色の中、美しい舞を舞い「〽和歌の道こそ　めでたけれ」と、この能は締めくくられます。

＊小町が詠んだ歌　お題は「水辺の草」
　蒔かなくに何を種とて浮草の　波のうねうね生い茂るらん
　（種を蒔いたわけでもないのになぜ浮草は畝に生えたようにうねうねと生い茂るのでしょう）

　今回は「よくよく物を案ずるに」という台詞に注目してみました。よくよく考えてみたら……こういうことなのですね！　と改めてわかったり気づいたりする、そんな台詞でした。

9　今は何をかつつむべき　　今はもう何も隠すことはありません

「能の台詞に注目」、今回は「今は何をかつつむべき」です。今はもう何を隠すことがありましょうか。何も隠すことはありませんよ、という意味です。

例えば、正体を現したシテが、「今まではっきりとは明かしていなかったけれど、実のところはこうなのです」と、本来の姿で本心を語るような場面で出てくる台詞です。

いくつかの能から、この台詞を見てみましょう。

☆《高砂》
　前ジテ：尉　後ジテ：住吉明神　ツレ：姥
　ワキ：阿蘇神社の神主　阿蘇友成
　ワキツレ：従者（二人）　アイ：高砂の浦人
　季節　二月
　所　　前場：高砂浦（現在の兵庫県高砂市）
　　　　後場：住吉浦（大阪府大阪市住吉区　住吉大社付近）
　曲柄　初番目物

最初は《高砂》を取り上げましょう。これは世阿弥作の能で、今回取り上げる能は、すべて世阿弥作です。

能《高砂》は、神様が登場する、晴れ晴れとしたおめでたい内容です。ひと昔前は、結婚式やお正月などおめでたい席で「高砂やこの浦船に帆を上げて」と謡われたものですが、今はあまりそういう習慣はないでしょうか？　この能の最後の謡も、おめでたい席の締め括りとして「千秋楽は民をなで　萬歳楽には命を延ぶ……」と謡われることもあるので、どこかでお聴きになることもあるのではないかと思います。

九州阿蘇神社の神主、阿蘇友成（ワキ）の一行が、はるばる高砂の浦に立ち寄ると、尉（シテ）、姥（ツレ）、おじいさんとおばあさんの夫婦が現れ、仲良くご神木の松の木陰を掃き清めています。そして、友成に、歌の道の徳を説き

105

つつ、いつまでも常緑のめでたい高砂の松のいわれを語ります。地謡の謡に「ヘげに名を得たる松が枝の 老木の昔顕して その名を名のり給へや」とあります。「まことに名高い松の枝のようにお歳をめした、その名前を名のっていただけないか」というわけです。これは、友成一行の台詞を地謡が、なりかわって言っている感じですね。そしてこの台詞「ヘ今は何をかつつむべき」と、老夫婦が正体を明かすのです。「ヘこれは高砂住吉の 相生の松の精 夫婦と現じ来りたり」。老夫婦は、自分たちこそ相生の松の精だと告げ、姿を消します。「相生の松」とは、雄松と雌松が寄り添い合わさって一本の松になっている松の木のことで、縁結びとか長寿の象徴と言われています。老夫婦の姿の松の精は住吉明神の化身、神様なのです。

　後場では、住吉明神（後ジテ）が現れ、清らかに颯爽と舞い、天下太平を寿ぎ、めでたいエンディングとなります。

☆《頼政》

　　前ジテ：尉　後ジテ：源三位頼政　ワキ：旅の僧　アイ：里の男

　　季節　五月

　　所　　京都南郊　宇治の里　（現在の京都府宇治市）

　　曲柄　二番目物

　続いて、《頼政》を取り上げましょう。主人公の源頼政は、鵺という化け物を退治したと伝えられ、歌人としても有名で、文武両道の風流な人物として知られています。「源三位」とか「源三位頼政」と称されていて、従三位という高い位を授けられた人です。

　さて、舞台は京都、宇治の平等院の辺りです。ワキの旅の僧が宇治の里にやって来ると、そこに老人が現れます。これが前ジテです。老人は旅の僧を名所に案内し、二人は平等院にたどり着きます。老人は昔語りを始めて、源平の合戦に敗れた源頼政がまさにこの場所で自害して果てた。その日がまさに今日なのだと語ります。そして、その頼政が私なのですと名乗ったかと思うと、消えてしまいました。これが前場です。

　僧が頼政の霊を弔っていると、頼政の幽霊（後ジテ）が昔の姿で現れます。後ジテの装束に特徴的なのが、頼政頭巾という独特の頭巾で、この能にだけ使

106　第3章　能の台詞に注目

われます。面も「頼政」という名前の面を使います。頼政は僧の弔いに感謝し、この台詞となります。「ヘ今は何をかつつむべき」と後ジテが謡い、「ヘこれは源三位頼政（私は源三位頼政です）」とはっきり名乗るのでした。正体を明かした今こそ語れるという勢いで、宇治川の激しい合戦の様子と自ら命を絶った時のことを詳しく伝えます。ここにも「血は涿鹿の河となつて」（p.63）が出てきます。頼政の幽霊は、僧に、こうして出会えたご縁なのだからさらに「ヘ跡弔ひ給へ御僧よ（私の亡き跡を供養してください）」と頼み、消え去るのでした。

☆《桜川》

前ジテ：女（桜子の母）　後ジテ：狂女（前同人）　子方：桜子
ワキ：磯部寺の僧　ワキツレ：従僧（二、三人）
ワキツレ：里人　ワキツレ：人商人
季節　三月
所　　前場：九州　日向国（現在の宮崎県）
　　　後場：常陸国　桜川のほとり（現在の茨城県桜川市）
曲柄　四番目物

　もう一つ、能《桜川》です。最初に、人商人（ワキツレ）が登場します。人商人とは人買いとも言いますが、人身売買を生業としている商人です。《自然居士》にも出てきました。

　人商人の男が、日向国に住む女（前ジテ）に手紙とお金を届けに来たと言います。人商人が言うには、母親の困窮を助けようと、息子の桜子が自分の身を売ったということなのでした。母親は大変嘆き悲しみ、我が子を探す旅に出ます。

　《桜川》は「狂女物」と言われる能ですが、「狂女物」の能には、このような悲劇的な筋立てが共通してみられます。さらわれたり売られたりして、行方不明になった我が子を探して旅する母親が、狂女となって道中で謡ったり舞ったりする芸尽くしを見せ、ついに我が子に再会するというようなストーリーです。再会できないエンディングのものもありますが。「狂女」とか「物狂い」という存在は、趣き深いものとして捉えられており、狂女による謡や舞の見せ場が

107

その能の特徴となっています。

　頃は桜の時期、日向国から常陸国、つまり現在の宮崎県から茨城県まで、はるばる旅路を経て母親がやってきます。彼女の子供、桜子という少年は、磯部寺という寺のお坊さんの弟子になっているのでした。そうとは知らずに、母親は、桜川というこの場所は、私の息子の桜子を思い出させるなあと言いながら、我が子への思いを語ります。

　趣き深い狂女が来ていることを聞きつけて、磯部寺の僧たちは、桜子を伴い、桜川に花見にやってきます。女は、花びらをすくう「すくい網」という道具を持ち、桜を愛でながら面白おかしく謡ったり舞ったりします。語りを聞くうちに、僧が狂女に、「もしやあなたは筑紫の人、九州の人ではないですか」と問いかけます。すると狂女は「〽筑紫人かと宣ふは何のお為に問ひ給ふ（なぜそんなことをお問いになるのですか）」と。ここでこの台詞を、地謡が言います。「〽何をか今はつつむべき　親子の契り朽ちもせぬ（親子の縁は朽ち果てることはないのですよ）」と。母親だけでなく、その場にいる人々の思いを代弁するように述べるのですね。桜子を探し求めてなんと３年の月日が経ってしまったと謡からわかるのですが、「顔つきは間違いなく私の子だわ！」と母親は嬉し涙を流します。そして「仏果の縁」、仏様のお導きのご縁に感謝し、二人仲良く帰っていくという、ハッピーエンドです。「〽二世安楽の縁深き」というのですから、今の世と生まれ変わった次の世と二世にわたって安楽を得て、「〽親子の道ぞありがたき」という台詞で終わります。

　今回は「今は何をかつつむべき」に注目してみました。「今となっては何を隠すことがありましょうか。何も隠すことはありません」と、相手に訴えている。ようやく本心を包み隠さず言える相手にめぐり会えたという思いと、この台詞を言う人物の強い思いが感じられる台詞です。

10　暫く　　ちょっとお待ちください！

　「能の台詞に注目」、今回は「暫く」という台詞を取り上げます。シンプルですね。現代語でも、「しばらくお待ちください」と言うと、少しの間という意味で、

108　第3章　能の台詞に注目

「しばらくですね」だとある程度の時間を経た、その年月というような意味です。わりとよく使われる言葉ですね。能でもそういう意味で出てくることもありますが、今回は「しばらく！」と、そこで区切られている言い方。「ちょっとお待ちを」のような意味の台詞です。

　ところで、「暫く」というと、歌舞伎の「暫」という演目をつい思い出してしまいます。歌舞伎十八番、市川團十郎家のお家芸で、正義の味方の主人公が悪を倒すという物語。罪なき人々が悪者に殺されそうになる、危機一髪のところに「しばらく〜！」と主人公が大声をかけながら派手に登場する場面が有名です。「ちょっと待ったー！」と、悪者たちの動きが止まる。歌舞伎ではそんなパワーのある台詞ですね。

　能の「暫く」は、歌舞伎のような大音声や物々しい表現で言うことはないですが、そこで一瞬立ち止まるような、不思議なニュアンスがあるように思います。

　それでは、いくつかの能から、この台詞を見てみましょう。

☆《箙》
　前ジテ：男　後ジテ：梶原源太景季の霊　ワキ：旅の僧
　ワキツレ：同行の僧（二、三人）
　アイ：生田の里人
　季節　二月
　所　　摂津国生田の森（現在の兵庫県神戸市中央区）
　曲柄　二番目物

　最初に《箙》を取り上げましょう。旅の僧の一行（ワキ、ワキツレ）が生田の森に着いて、美しく咲く梅の花を眺めていると、男（前ジテ）が通りかかります。男は、この梅は「箙の梅」と呼ばれていて、源平の合戦で活躍した梶原源太景季ゆかりの木だと僧たちに語ります。そして、景季がこの梅の花を箙（矢を入れて持ち歩く道具）に挿して戦ったという、「箙の梅」の由来を教え、さらに語るうちに、実は自分こそ景季の幽霊だと明かし、姿を消してしまいます。

　夜も更けて、梅の木陰に臥して休んでいる僧の夢に、若武者姿の景季（後ジテ）が、箙に梅を挿した出立で現れます。どことなくみやびな雰囲気ですね。

109

そして、激しい合戦で戦い続ける様子を見せ、僧たちに弔ってほしいと頼み、なお苦しみ続けるのでした。そこでこの台詞「〽暫く 心を静めて見れば」と景季が言います。地謡の謡が続きます。「〽心を静めて見れば 所は生田なりけり」、ちょっと待てよ、心を静めて冷静になってみたら、ここは梅の花の盛りの生田の里ではないか、と。そして再び力を尽して敵を倒す様子を見せ、夜が明けていくと、「〽よくよく弔ひて賜び給へ（よくよくご供養ください）」と言って、景季の霊は消えていくのでした。

☆《安宅（あたか）》

　シテ：武蔵坊弁慶　　ツレ：義経の家来たち（九人）　子方：源義経

　ワキ：関守　富樫某（とがしのなにがし）

　オモアイ：義経一行の従者　　アドアイ：富樫某の従者

　季節　二月

　所　　加賀国安宅（現在の石川県小松市安宅町）

　曲柄　四番目物

　続いて《安宅》です。これは歌舞伎の《勧進帳》のもととなっている能です。《勧進帳》も歌舞伎十八番の一つですね。《勧進帳》は学校教材にもなっているので、授業で観たという方もいらっしゃるのではないでしょうか。

　能《安宅》は出演する人数が多く、舞台狭しと演者が活躍しドラマチックな展開もあり、見どころの多い演目です。関守の富樫（ワキ）が名乗り「〽判官殿（ホオグワンドノ）十二人（ジウニニン）の作（ツク）り山伏（ヤマブシ）となって（義経が主従合わせて十二人の山伏に変装して）」安宅の関を通るという情報が入ったというところからこの能が始まります。平家討伐に大手柄を立てた義経は、兄の頼朝から謀反の疑いをかけられ追われる身となり陸奥の国へ逃げていく途中です。富樫は頼朝の命により、もし義経の一行が通ったら捕えるようにと言われています。

　安宅の関に近づくと、義経の家来たちは「こんな関は武力で打ち破って通ればよい」と言うのですが、ここでシテの弁慶の台詞です。「〽暫く」、ちょっとお待ちなさい、というわけですね。この先も次々関があるので、事を起こさず穏便に通過するのが肝心だと弁慶が言うと、義経も、弁慶の考え通りに取り計らうのがよいだろうと言うのでした。

この後に有名な勧進帳を読み上げる場面となります。弁慶は、私たちは東大寺再建のための「勧進」つまり寄付を募る山伏の一行だと言い、通行手形でもある勧進帳をスラスラと読み上げるのでした。これで通れると思ったら、そうは簡単にいかないのですね。富樫が強力に変装した義経を呼び止めるのです。義経の家来たちは、もはや運がつきたと武力で通ってしまえという勢いです。ここで再び弁慶の台詞「〱ああ暫く」、いやあちょっと待て、慌てて事を仕損ずるな、と。弁慶は家来たちの先頭に立ってみんなを止めます。そして決死の覚悟で一芝居打ちます。弁慶はなんと義経を金剛杖で打ち据え、「お前のせいで疑われた」と怒り狂うふりをするのでした。その振る舞いに圧倒され心打たれた富樫は通行を許可します。

　そのあと、晴れて関を通過した一行を富樫が追いかけてきます。富樫は「先ほどは大変失礼しました」と詫び、酒宴となります。弁慶は延年の舞を舞い、富樫に「〱暇申してさらばよとて」、これでおいとま申しますと告げ、一行は陸奥の国へと向かうのでした。

○《大佛供養》

　　前ジテ：悪七兵衛景清　　後ジテ：前同人　　前ツレ：景清の母

　　後ツレ：頼朝の従者（五〜七人）

　　子方：源頼朝　ワキ：頼朝の臣下

　　アイ：能力（無しの場合も）

　　季節　　九月

　　所　　　前場：大和国若草山の辺り（現在の奈良県奈良市春日野）

　　　　　　後場：同　奈良東大寺

　　曲柄　　四番目物

　もう一つ、《大佛供養》を取り上げましょう。平家の武将悪七兵衛景清（シテ）は、東大寺大仏再建の供養に源頼朝が参詣することを知り、人目を忍んで頼朝の首をとって敵討ちをしようと企んでいます。源平の合戦で焼け落ちた大仏殿などの再興に力を尽したのが頼朝です。先ほどの《安宅》とも物語がからんできますね。

　さて、景清には母がいて、奈良の若草の辺りに住んでいるので立ち寄ってい

111

こうというわけです。ちょうどその頃、景清の母親は景清の消息を心配していて、もう一度会わせてくださいと仏様に祈っているのでした。そこに景清が訪ねてくるのですから、母親は外でわが子の声がする！「ﾍ景清なるか」と喜んで迎えるのでした。そこでこの台詞「ﾍ暫く」、ちょっとお待ちくださいとなります。景清は「ﾍ辺に人もや候らん　某が名をば仰せられまじいにて候（辺りに人がいないでしょうか、私の名をおっしゃらないでください）」と言うのです。母親に再会できたのは嬉しいけれど、暗殺を企む身。誰が聞いているかわからないというわけです。前場の最後は母と子の涙の別れの場面となります。

　後場は大仏再建供養の場から始まり、子方の頼朝が登場します。頼朝の家来に、何者かと問われた景清は、春日大社に仕える「宮つ子」（神職の位の低い者）と名乗り、庭を掃き清める役人として参りましたと答えます。ところが、衣のすき間から武具が光ったことをあやしまれ、ついに平家の侍悪七兵衛景清と自ら名乗り、太刀を抜き、警護の者たちと斬り合いとなります。景清は強い武将なのです。あざ丸という名刀で直ぐに敵を討ち取ってしまったのですが、警護の者たちはまだまだ大勢います。今回は頼朝の首をとることはできないとあきらめるのでした。あざ丸をさしかざすと、これが魔法の力のある名刀で霧が立ちます。「ﾍ又こそ時節を待つべけれ（次の機会を待とう）」という声とともに、景清は姿を消すのでした。

　今回は「暫く」という台詞に注目してみました。「ちょっとお待ちください」と、この台詞を口にする理由や背景が重要ですね。

11　待謡　　待ちながら謡う台詞

　「能の台詞に注目」、今回は「待謡」を取り上げましょう。これも能の「小段」の一つです。能の謡をいくつもの部分に分けて、それらが連なって全体が構成されているのですが、その部分部分が小段です。「名ノリ」や「呼掛」も小段というもので、これまでに取り上げた台詞は決まり文句のようなパターンがありましたが、「待謡」には決まり文句のようなパターンはありません。

　待謡は、文字通り、後ジテの登場を待ちながら謡うというもので、例えば、

後ジテがついに本性を現して登場しますよという場面で、ワキとワキツレの旅の僧たちが待ちながら言う台詞です。いくつかの能をあげて、この部分を取り上げてみましょう。

☆《西王母（せいおうぼ）》

前ジテ：仙女（せんにょ）　後ジテ：西王母　前ツレ：侍女　後ツレ：侍女
ワキ：王　ワキツレ：廷臣（二、三人）
アイ：官人（かんにん）
季節　三月
所　　唐土
曲柄：初番目物

　最初に《西王母》を取り上げます。私事で恐縮ですが、6歳から能を習い始めて、12歳の時に〈中ノ舞〉という舞を抜（ひら）きました。その人が初めて演じることを能や狂言では「抜（ひら）く」と言います。この時までは仕舞という形式、つまりシテと地謡だけで能の一部を演じるという形式しか経験がなかったのですが、この時初めて舞囃子（まいばやし）で舞ったのが《西王母》でした。舞囃子というのは能の上演形式の一つで、シテと地謡に囃子の楽器が入って能の見せどころを演じる形式です。〈中ノ舞（ちゅうのまい）〉や〈序ノ舞（じょのまい）〉、〈神舞（かみまい）〉、〈神楽（かぐら）〉、〈楽（がく）〉など、これらを舞事（まいごと）と呼びますが、地謡の謡に加えて、囃子の演奏でシテが舞います。この時の申し合せ（もうあわせ）（リハーサルのようなもので1回だけ行います）で、当時私がご指導いただいていた先生の先生にあたる観世寿夫先生にご指導いただき「よくできました」というお言葉をいただきました。宝物の経験です。

　さて、《西王母》の舞台は唐土、つまり中国です。前ジテは、謡本には「仙女」と書かれています。仙人のような女が前ジテ、後ジテが西王母です。西王母とは、中国で古くから信仰されている仙女、女神のような存在です。西王母は三千年に一度実をつけるという桃の木を持っています。その実を食べると長寿を授かるという伝説があります。これがこの能の物語の柱となっています。桃の枝を持った仙女が登場し、「ヘこれは三千歳（ミチトセ）に花咲き実生る桃花なる（三千年（ミナトオカ）に一度花が咲き実のなる桃の木を持ってきました）」と言います。そして、太平の世を治める王がワキです。仙女は王の徳をたたえて桃の実を捧げましょうと言

113

い、実は私は西王母の分身ですと正体を明かして、天に飛び去ってしまいます。

　アイの語りが終わると待謡となります。待っているのは、王とその家臣たち（ワキとワキツレ）。「〽糸竹呂律の声々に　糸竹呂律の声々に」、待謡はこのように同じ台詞を繰り返すことが多いです。続く台詞は次の通りです。「〽調めをなして音楽の　声澄み渡る天つ風　雲の通路心せよ　雲の通路心せよ」。最後の台詞も繰り返されます。七五調の流れが美しいですね。

　「糸竹呂律の声々」、糸竹とは絃楽器と管楽器、呂律は音楽の調子、つまり様々な楽器により様々な調子で演奏する音楽というような意味です。美しい音楽を奏して、西王母が現れるのを待ちましょうと。そして、雲がかかって仙女の姿が隠れないように気をつけよ、というわけです。「糸竹呂律の声々」という言葉は、女神や天女などが登場する能にも見られるもので、音楽で空が澄み渡る、心も澄み渡るというような言葉が続き、清々しく趣き深い場面を演出します。

　後場となり、登場した西王母は、侍女が持参した桃の実が盛られた盆を受け取り、それを王に捧げます。平和な御代をずっとおさめ続けてくださいという、祈りや願いを込めて、不老長寿と言い伝えられる、奇蹟の桃の実を捧げると、西王母も侍女も天の彼方に舞い上がり、「〽行方も知らずぞ　なりにける（姿が見えなくなってしまった）」。夢のようなお話です。

☆《東北》
　　前ジテ：里の女　　後ジテ：和泉式部の霊　　ワキ：旅の僧
　　ワキツレ：同行の僧（二、三人）
　　アイ：東北院門前の者
　　季節：正月
　　所：京都　東北院
　　曲柄：三番目物

　舞台は京都の東北院という寺。旅の僧とその一行（ワキとワキツレ）が東北院を訪れると、美しく咲く梅の木に目が止まります。すると前ジテの里の女が現れ、この梅の木は和泉式部が植えた木だと話します。そして寺の小部屋はかつて和泉式部の寝所だったと言うのです。女は「〽我こそ梅の主」、花に宿る身ですと明かすと花の陰に消えてしまいます。

夜が更けて旅の僧の一行が法華経をあげていると、後ジテの和泉式部の霊が姿を現します。待謡はこのような台詞です。「〽夜もすがら 軒端の梅の蔭に居て 軒端の梅の蔭に居て 花も妙なる法の道 迷はぬ月の夜と共に この御経を読誦する この御経を読誦する」。軒端の梅、つまり軒先の梅ということですが、実はこの能《東北》には《軒端の梅》という別名があります。夜もすがら軒端の梅の蔭に居て、「花も妙なる法の道」ということは、読誦されているお経は法華経を示しています。仏法の道に従い、迷わずに月の光の中で、法華経を読誦する、そんな内容の待謡です。

　和泉式部の霊は、昔を懐かしんで〈序ノ舞〉という舞を舞います。そして、かつて暮らしていたこの寺の部屋へ入っていったかと見えたところで、僧の夢は覚めたのでした。

☆《忠度》

　　前ジテ：尉　後ジテ：薩摩守忠度の霊　ワキ：旅の僧

　　ワキツレ：同行の者（二、三人）

　　アイ：里の男

　　季節：三月

　　所：摂津国須磨浦

　　曲柄：二番目物

　藤原俊成（詞章には「トシナリ」というフリガナも見えます）に仕えた旅の僧の一行（ワキ、ワキツレ）が須磨浦を訪れ、由緒ありげな桜の木のもとへ行くと、前ジテの尉、老人が現れます。老人に一夜の宿を頼むと、老人は俊成の弟子、平忠度の和歌を教えます。「〽行き暮れて木の下蔭を宿とせば 花や今宵の主ならまし（旅路で日が暮れ、桜の下蔭を宿とするならば、花が今宵の主人となってくれるのだろう）」という歌で、花の蔭を宿とするように勧めます。そう言うと、老人は旅の僧の夢の中に現れると約束して姿を消します。

　そして待謡は「〽夕月早くかげろふの 夕月早くかげろふの おのが友呼ぶ群千鳥の 跡見えぬ磯山の 夜の花に旅寝して 浦風までも心して 春に聞けばや音すごき 須磨の関屋の旅寝かな 須磨の関屋の旅寝かな（夕月が早くもかげり、お互いに呼び合う千鳥の姿も見えなくなる。磯山の夜の花の下に横になると、

115

このような春に聞くからか浦風の音も物凄い。そんな須磨の関に旅寝していることよ）と。すると僧たちの夢の中に、後ジテの平忠度の霊が現れます。

忠度の歌「行き暮れて木の下蔭を宿とせば花や今宵の主ならまし」は千載集という勅撰和歌集に選ばれたものの、源平の戦に負けて朝敵となったため、「詠み人知らず」とされてしまったのでした。優れた歌人でもあった忠度はこのことが未練だと語ります。さらに、自分が討たれた壮絶な戦いの様子を再現します。旅の僧の一行が藤原俊成ゆかりの方々なのでこうしてお引き留めしましたが、「花は根に」帰っていくのだと忠度が言います。「花は根に」は、千載集の崇徳院の歌「花は根に鳥は古巣に帰るなり春のとまりを知る人ぞなき（春が終わると花は根に、鳥は古巣に帰るが、春の果てを知る人はいない）」から取られています。忠度は「〽花は根に帰るなり」と言うと、供養を頼み消えて行きます。

今回は「待謡」に注目してみました。後ジテが登場するのを、ワキやワキツレが今か今かと待っている。言葉が繰り返されるのも特徴です。観客も後ジテがどのような姿かたちで現れてこのあとどのような展開があるのだろうかと、期待ふくらむ場面の台詞でした。

12　言葉の響きの面白さ　──「船よりかっぱと」など

「能の台詞に注目」、このテーマ最後の今回は、耳に残るちょっと気になる台詞、音の表現、言葉の響きの面白さが活きている台詞などを取り上げ、お話ししましょう。今回は、それぞれの能のあらすじはごく簡単にご紹介するにとどめて、台詞の場面を中心に取り上げます。

〇船よりかっぱと落汐の
　これは世阿弥作の《清経》という能の最後のほうに出てくる台詞です。平清経、この人がシテですが、清経の亡霊が、彼の妻の夢に出てきて無念の最期を語り、念仏によって成仏するという物語です。
　清経が最期を覚悟し、腰にさしていた笛を吹き（平家の公達は典雅でみやび

な雰囲気たっぷりですね）、念仏を唱えて船から飛び込む、その音や状態を「かっぱと落汐の」と表現しています。この台詞の前後は、「〽南無阿弥陀仏弥陀如来 迎へさせ給えと ただ一声を最期にて 船よりかっぱと落汐の 底の水屑と沈み行く憂き身の果ぞ悲しき」と地謡が謡います。

面白い話があるのでご紹介しましょう。私が音楽学部の学生だった頃、私は楽理科というところに所属していて、能の囃子、つまり大鼓、小鼓、笛、太鼓という四つの楽器のレッスンを受けるため、通称「能ホール」というところに毎日のように通っていました。大学内に能舞台やお稽古部屋のある、「演習室・レッスン室」のような場所で、シテ方や狂言方、囃子方の若い学生さんたち（プロフェッショナルな能楽師）がゼミ室のようにして集まっていた場所です。あるシテ方の先生の息子さんが語られたことですが、「子供の頃、この『船よりかっぱと』と聞いて、清経が河童（川に住むという妖怪の河童）と一緒に身を投げたのだと思って、この場面では河童が思い浮かんじゃう」と言ったのですね。もちろん、ここに出てくる「かっぱ」は一種の擬音語で、妖怪の河童ではありません。けれども、耳で聞いた音から想像される、なんとユニークなイメージ！ と大変面白く思ったのでした。それ以来、私もこの場面を仕舞で演じたり、謡を謡ったり、この能を観たりするたびに、この話を思い出してしまうことがあります。

☆《清経》 世阿弥作

　　シテ：平清経の霊　ツレ：清経の妻　ワキ：淡津三郎

　　季節　九月

　　所　　京都　平清経の邸宅

　　曲柄　二番目物

○きりはたりちよう

　次に「きりはたりちよう」を取り上げましょう。現代人の私たちはめったに耳にしない言葉ですね。辞書を引くと「機を織る音を表す語。またはハタオリムシなどの声を表す」という説明が出てきます。ハタオリムシとはキリギリスの別名だそうです。

　この「きりはたりちよう」は能では《松虫》や《錦木》、《呉服》などに出て

きます。いずれも、その前後に「虫の音（ネ）」とか「機織る音（ハタオ）（オト）」などの言葉が見られます（「きりはたりちやう」という表記も見えます）。

　能《松虫》は、松虫の音に今は亡き友を偲ぶ、物寂しい物語です。「松虫」といえば、小学校2年生の音楽の授業で歌う歌唱共通教材に「虫のこえ」という曲がありますね。（歌ってみましょう！）あれまつむしがないている　チンチロチンチロチンチロリン……。

　能《松虫》では、「チンチロ……」とはなきませんが。この能の最後の場面に「きりはたりちよう」が出てきます。その前後を見てみますと、「ヘ面白や　千草（チグサ）にすだく　虫の音（ネ）の　機織る音（ハタオ）（オト）の」そして後ジテが「ヘきりはたりちよう」と言うと、地謡が「ヘきりはたりちよう」と繰り返します。《松虫》のこの場面は謡のリズムが特徴的で、「（ン）きーりはたり　ちょーおーー」のようになります。仕舞の場合、「きーり」で扇を二回打合せて「は・た・り」で左・右・左と足拍子を踏み、もう一度扇を二回打合せる独特の所作があります。音楽的なリズムの要素にも注目して、「きりはたりちよう」に耳を傾けると面白いかもしれません。

☆《松虫》
　　前ジテ：男　　後ジテ：男の霊　　前ツレ：男（三人）　　ワキ：酒売りの男
　　アイ：里人
　　季節　　九月
　　所　　　摂津国阿倍野
　　曲柄　　四番目物

○しょうちゃくきんくご
　続いては「笙笛琴箜篌」です（p.42《羽衣》のところでも取り上げました）。音が面白いですね。妙なる（この上なく美しい）音楽が聴こえてくる不思議な場面で、天女や天人、またはやんごとなき方が登場する時に見られる台詞です。能《羽衣》の天女が舞う場面や、《須磨源氏》という能では後ジテの光源氏が舞う場面に「笙笛琴箜篌」が出てきます。

　笙、笛、琴、箜篌とは楽器の名称で、「しょう」は雅楽の笙という楽器、「ちゃく」は笛、「きん」はきんの琴の「こと」という楽器1)、「くご」は正倉院に伝

118　第3章　能の台詞に注目

わる箜篌という楽器で、現行の雅楽にはありませんが、ハープの一種です。

　《羽衣》では、天女が天の羽衣を漁師白龍から返してもらい、舞を舞う場面にこの「笙笛琴箜篌」が出てきます。「〽笙笛琴箜篌　孤雲の外に充ち満ちて（笙、笛、琴、箜篌など色々な楽器の音色がはなれ雲に満ち満ちて）」。天から妙なる音楽が降ってきて辺りの空気に溢れるような、耳からも目からも美しいものに満ち溢れた光景というわけです。

　天女が主人公の《吉野天人》（p.79）という能では、「笙笛琴箜篌」ではなく、「〽琵琶 琴 和琴　笙 篳篥 鉦鼓 鞨鼓や糸竹の 声澄み渡る春風の」というように、さらにいろいろな楽器が出てきて、聴こえてくる天上の音楽がいかに素晴らしいかが表現されています。

☆《羽衣》

　　シテ：天女　ワキ：漁師白龍　ワキツレ：漁夫（二人）

　　作り物　　松立木

　　季節　　　三月

　　所　　　　駿河国三保松原

　　曲柄　　　三番目物

　今回は、「船よりかっぱと」、「きりはたりちやう」、「笙笛琴箜篌」を取り上げました。お能を鑑賞された時に本章で取り上げたような台詞が聴こえてきたら、自由に想像力をふくらませて、舞台上に見える世界を超えた、見えない世界の拡がりも味わってみると、能がもっと奥深く、面白く鑑賞できるのではないかと思います。

　能には他にも特徴的な台詞がたくさんあるので、気に入った台詞を見つけてみてください。

注

1）「こと」という楽器には、「箏」と「琴」があります。どちらも「こと」と読みますが、「箏のこと」、「琴のこと」と区別して呼ぶこともあります。大きな違いは、柱という構造です。「箏」には、絃を支えるブリッジのような柱があり、これを動かして音の高さを変えることができます。「琴」には柱がありません。学校教育の音楽の授業で一般的に取り上げられる和楽器の「こと」は、柱のある十三絃の箏です。

おわりに

　能《羽衣》を観ていたら……。地上に降り立った天女が手を差し伸べていざなう。あっと思った瞬間、さきほどまで能舞台の上に存在していた時間・空間を飛び超えて、異世界へ。気づいたらここは月の世界。そんな感覚は能を観ていて体験できるよさだと思います。表紙イラストに描かれたのはまさにその刹那。これは、あくまでも私の解釈です。皆さんはどんなふうに《羽衣》をご覧になるでしょうか。

　《姨捨》という世阿弥作の能があります。これまで何度も観てきましたが、ある時忘れられない体験をしました。山に捨てられた老女の霊が、名月の下、昔を懐かしみ舞い戯れる場面が非常に美しく、老女はまるで透き通った月の精のよう。その時、面が何度も微笑んで見えたのでした。深いしわのある苦しげな表情の面が微笑むはずはありません。シテは観世榮夫先生。この日の《姨捨》は、舞台から見所から、何もかもすべて包み込むようなスケール感や奥深さが圧倒的でした。榮夫先生の舞は実に自在で楽しげに見えました。終演後感動のあまり、近くに座っていらした同門の大先輩のお弟子さんに思わず「本当に素晴らしかったですね。面が何度もニコっと微笑んで見えました！」と言うと「あら、あなたもそう見えた？」とおっしゃったのです。私だけの思い込みや錯覚ではなかったとなんだか嬉しく、感動がさらに深まった瞬間でした。榮夫先生の思いが真っ直ぐに伝わってきたのではないかと感じました。

　またある時、観世銕之丞先生が地頭の地謡で、私が仕舞《井筒》を発表会で舞った時のこと（仕舞なので着物と袴で舞いました）。愛しい人の形見の冠、直衣をまとった女の幽霊が、井筒の水鏡に映った姿に昔の人を重ねて沈黙します。そして溢れた思いは「見ればなつかしや」というシテの謡に込められます。その後、地謡の「寺の鐘もほのぼのと」というところで、舞台上に一瞬風が吹き、夜明けの薄明をバックに、揺れる木の枝の葉が影絵のような黒いシルエットとなって見えたのでした。ああ、夜が明けたと感じました。《井筒》は世阿弥作の夢幻能の傑作です。師匠の謡のおかげで、見えない世界の美しい風景を一瞬見せていただけたのだと思います。

　能には見えない世界や見えない存在がたくさん登場します。見えない世界を見える化する演劇こそ能の大きな特徴であると言われることもあります。ただ

し、意識的に見ようと思って見えるものではない。そうしようと意識してそうできるものではないかもしれません。夏目漱石『夢十夜』第六夜の運慶のお話のように。世阿弥も伝書の中で作為から離れることの重要性を述べ、「無心」、「せぬ隙」、「離見の見」といった境地や「心」の働かせ方について説いています。

ラジオ番組から、児童・生徒・学生や能の初心者の方々を主なリスナーと意識してまとめた内容なので、わかりやすく親しみやすい能を取り上げたつもりです。今回取り上げることができなかった能の演目や能にまつわるお話は、機会を改めてまとめることができればと考えています。

最後に、今回の出版へお導きくださった、株式会社エフエムくしろ制作部主任パーソナリティの錦谷みどりさん（midori さん）に心から感謝申し上げます。私自身 midori さんの大ファンであり、釧路の歴史や文化を伝えることにご尽力されているお姿に、いつも心から尊敬の気持ちを抱いています。2024 年度は「耳から楽しむ能のストーリー」というテーマで、月一度の担当を続けさせていただいています。midori さんには、能のストーリーの現代語訳を、深みのある魅力的な美声で朗読していただき、毎回感動をいただいています。

いつも能をご指導くださり、私の勝手な質問や学生への体験稽古などのお願いにご対応くださっている観世錬之丞先生に心から感謝申し上げます。月に一度しかお稽古に伺えませんが、能の研究・教育関係のことに私が長年関わってくることができたのは先生のおかげです。

今回の出版を支えてくださった株式会社芸術現代社代表取締役社長の大坪盛さん、株式会社ソレイユ音楽事務所の小野誠さんとスタッフの皆さん、今まで見たことのない能の世界を瑞々しく生き生きと描いてくださった佐藤良さん、英文のネイティブチェックをしてくださったカネフラー　クリストファー　アラン先生に心から感謝申し上げます。能に関する私の研究・教育活動に多様なインスピレーションや刺激を与えてくださる学生の皆さんにも心から感謝申し上げます。ここにおひとりおひとりお名前をあげませんが、今回の出版を支え応援してくださったすべての皆さんに心から感謝申し上げます。

「命には終りあり、能には果てあるべからず」（『花鏡』表・加藤　1976, p.108）という世阿弥の言葉があります。残りの人生の時間だけではとうてい足らないことは重々承知の上ですが、私も研究者としてまた教育者としての道を「果てあるべからず」と心して前進し続けたいと思います。ライフワークとして能に

関わることを続けられるのはなんと幸せなことでしょう。

　お読みくださった皆さんの能へのアプローチも、果てしなく、楽しく、学び
に溢れたものになりますように。

2024 年 8 月 2 日　　中西紗織

付記：本書は、JSPS 科学研究費助成事業基盤研究 (C)「教員養成過程における日本伝統音楽
の授業デザイン」(研究代表者：中西紗織、課題番号：21K02482) の助成を受けた成果物の
一つです。

【引用・参考文献】（謡本等は別にまとめました）

生田久美子（2007）『「わざ」から知る』（コレクション認知科学 6）東京大学出版会。

生田久美子・北村勝朗編著（2011）『わざ言語　感覚の共有を通しての「学び」へ』慶應義塾大学出版会。

荻原浅男・鴻巣隼雄校注（1973）『古事記　上代歌謡』（日本古典文学全集 1）小学館。

小田幸子監修（2020）『マンガでわかる能・狂言』誠文堂新光社。

表章・天野文雄（1987）『岩波講座　能・狂言Ⅰ　能楽の歴史』岩波書店。

表章・加藤周一校注（1974）『世阿弥　禅竹』（日本思想大系 第 24 巻）岩波書店。

梶原正昭・山下宏明校注（2018）『平家物語（三）』岩波書店。

観世銕之亟（2000）『ようこそ能の世界へ　観世銕之亟能がたり』暮しの手帖社。

観世銕之丞（2012）『能のちから　生と死を見つめる祈りの芸能』青草書房。

観世寿夫（1980〜1981）『観世寿夫著作集一〜四』平凡社。

観世寿夫著　荻原達子編（2001）『観世寿夫　世阿弥を読む』平凡社。

観世榮夫（2007）『華より幽へ　観世榮夫自伝』白水社。

観世喜正・正田夏子著　青木信二撮影（2013）『一歩進めて能鑑賞　演目別にみる能装束』淡交社。

久保田淳校注（1986）『千載和歌集』岩波文庫。

久保田淳訳注（2021）『新古今和歌集　上』角川ソフィア文庫。

久保田淳訳注（2021）『新古今和歌集　下』角川ソフィア文庫。

久保田敏子・藤田隆則編（2008）『日本の伝統音楽を伝える価値　教育現場と日本音楽』京都市立芸術大学日本伝統音楽研究センター。

小島綾野構成「演奏家に尋ねる！　謡（能）の発声　九世観世銕之丞（特集『曲種に応じた発声』ってなに？）」『教育音楽中学・高校版』2019 年 1 月号、音楽之友社、pp.26-28。

小林責・西哲生・羽田昶（2012）『能楽大事典』筑摩書房。

小林康治・森田拾史郎（1999）『能・狂言図典』小学館。

斎藤孝（2000）『身体感覚を取り戻す　腰・ハラ文化の再生』日本放送出版協会。

佐々木信綱編（1993）『新訂新訓万葉集 下巻』岩波文庫。

高木卓訳（1961）『義経記　曽我物語』（古典文学全集 17）筑摩書房。

高桑いづみ（2015）『能・狂言謡の変遷　世阿弥から現代まで』檜書店。

高田祐彦訳注（2021）『新版新古今和歌集 現代語訳付き』角川ソフィア文庫。

竹本幹夫（2019）『対訳でたのしむ 土蜘蛛』檜書店。

玉村恭・荻野美智江（2017）「授業で能をどう扱うか——中学校での《羽衣》の授業実践から——」『上越教育大学紀要』第 36 巻第 2 号、pp.643-656。

玉村恭（2020）『おのずから出で来る能　世阿弥の能楽論、または〈成就〉の詩学』春秋社。

中央教育審議会（2021）『「令和の日本型学校教育」の構築を目指して〜全ての子供たちの可能性を引き出す、個別最適な学びと、協働的な学びの実現〜（答申）』

https://www.mext.go.jp／content/20210126-mxt_syoto02-000012321_2-4.pdf（2024年7月20日アクセス）

長坂麻奈美（2005）「表現と鑑賞を融合した授業における子どもの学びの意欲の育成——中学校での能の授業実践の報告——」『音楽教育実践ジャーナル』vol.3 no.1、日本音楽教育学会、pp.27-34。

土屋恵一郎（2001）『能　現在の芸術のために』岩波現代文庫。

寺本界雄編著（1975）『川上不白　茶中茶外』「川上不白　茶中茶外」刊行委員会発行。

中西紗織（2008）「能における『わざ』の習得に関する研究——事例分析からの学習プログラムの開発を通して——」平成19年度東京藝術大学大学院音楽研究科博士学位論文。

中西紗織(2015)「教員養成課程における能の指導に関する研究——声と身体に焦点をあてた体験学習の意義と可能性——」『全国大学音楽教育学会創立30周年記念誌（研究紀要第26号合併号）』pp. 93-102。

中西紗織（2018）「世阿弥の伝書に見える『声』に関する一考察（4）——『曲付次第第七条』における息の問題——」『釧路論集：北海道教育大学釧路校研究紀要』第49号、pp.123-128。

中西紗織（2019）「能《敦盛》」、「能の謡と発声」齊藤忠彦・菅裕編著『新版中学校・高等学校教員養成課程音楽科教育法』教育芸術社、pp.134-135、184-185。

中西紗織（2020）「日本の伝統音楽——謡と舞を通して能の魅力を味わおう——」初等科音楽教育研究会編『改訂版　最新初等科音楽教育法2017年告示「小学校学習指導要領」準拠』音楽之友社、pp.110-111。

中西紗織・齊藤貴文（2021）「中学校における能の授業（1）——「『能って何？』への理解を深める授業実践の可能性——」『北海道教育大学研究紀要（教育科学編）』第72巻第1号、pp.401-416。

中西紗織・齊藤貴文（2022）「中学校における能の授業（2）——音楽文化の理解と継承を目指した授業実践の可能性——」『北海道教育大学研究紀要（教育科学編）』第72巻第2号、pp.289-304。

夏目漱石（1975）『漱石全集第八巻　小品集』岩波書店。

西野春雄・羽田昶（1987）『能・狂言事典』平凡社。

西野春雄校注（1998）『謡曲百番』（新日本古典文学大系57）岩波書店。

西平直（2009）『世阿弥の稽古哲学』東京大学出版会。

日本音楽の教育と研究をつなぐ会編著、徳丸吉彦監修（2019）『唱歌で学ぶ日本音楽　雅楽・能・長唄・箏曲・祭囃子〔音楽指導ブック〕』(DVD2枚付) 音楽之友社。

本多佐保美編著（2020）『日本音楽を学校でどう教えるか』開成出版。

正宗敦夫編纂校訂（1928）『義経記』（日本古典全集第二回）日本古典全集刊行会。

三浦裕子（1998）『能・狂言の音楽入門』音楽之友社。

源了圓（1989）『型』（叢書・身体の思想2）創文社。

三宅晶子（2014）『対訳でたのしむ 羽衣』檜書店。

三宅晶子（2019）『対訳でたのしむ 船弁慶』檜書店。

三宅晶子（2022）『対訳でたのしむ 敦盛』檜書店。

三宅襄（1960）『観世流謡い方講座』檜書店。

文部科学省（2018）『小学校学習指導要領（平成 29 年告示）解説音楽編』東洋館出版社。

文部科学省（2018）『中学校学習指導要領（平成 29 年告示）解説音楽編』教育芸術社。

安田登（2005）『能に学ぶ身体技法』ベースボール・マガジン社。

横道萬里雄・表章校注（1960）『謡曲集　上』（日本古典文学大系 40）岩波書店。

横道萬里雄・表章校注（1963）『謡曲集　下』（日本古典文学大系 41）岩波書店。

横道萬里雄（1987）『岩波講座能・狂言IV　能の構造と技法』岩波書店。

「横道萬里雄の能楽講義ノート」出版委員会（2013）『横道萬里雄の能楽講義ノート（謡編）』
　　（CD 付）檜書店。

「横道萬里雄の能楽講義ノート」出版委員会（2014）『横道萬里雄の能楽講義ノート（囃子編）』
　　（CD 付）檜書店。

【謡本など】（以下、出版年順ではなく初心謡本を最初にあげ、各演目の謡本については題名
の五十音順に並べました）

観世左近 (1989)『観世流初心謡本 上』(鶴亀、橋弁慶、吉野天人、大佛供養、土蜘蛛) 檜書店。

観世左近 (1987)『観世流初心謡本 中』(竹生島、経正、羽衣、小袖曽我、猩々) 檜書店。

観世左近 (1989)『観世流初心謡本 下』(菊慈童、田村、東北、富士太鼓、紅葉狩) 檜書店。

観世左近（1968）『観世流謡曲百番集』檜書店。

観世左近（1967）『観世流謡曲続百番集』檜書店。

観世左近 (1974)『観世流仕舞形付』檜書店。

観世左近（2000）『葵上』檜書店。

観世左近（1961）『安宅』檜書店。

観世左近（2003）『安達原』檜書店。

観世左近（1979）『敦盛』檜書店。

観世左近（2020）『碇潜』檜書店。

観世左近（2020）『井筒』檜書店。

観世左近（1961）『箙』檜書店。

観世左近（2001）『姨捨』檜書店。

観世左近（2020）『神歌』檜書店。

観世左近（1997）『清経』檜書店。

観世左近（1973）『鞍馬天狗』檜書店。

観世左近（2020）『源氏供養』檜書店。

観世左近（2020）『小鍛冶』檜書店。

観世左近（1992）『胡蝶』檜書店。

観世左近（2001）『桜川』檜書店。

観世左近（1998）『自然居士』檜書店。

観世左近（2005）『舎利』檜書店。

観世左近（1954）『隅田川』檜書店。

観世左近（1958）『西王母』檜書店。

観世左近（1992）『殺生石』檜書店。

観世左近（2017）『草子洗小町』檜書店。

観世左近（2020）『高砂』檜書店。

観世左近（2005）『忠度』檜書店。

観世左近（1954）『天鼓』檜書店。

観世左近（1967）『野宮』檜書店。

観世左近（1998）『野守』檜書店。

観世左近（1971）『雲雀山』檜書店。

観世左近（2005）『船弁慶』檜書店。

観世左近（1998）『巻絹』檜書店。

観世左近（1955）『松虫』檜書店。

観世左近（1988）『三井寺』檜書店。

観世左近（1987）『水無月祓』檜書店。

観世左近（1990）『三輪』檜書店。

観世左近（2020）『屋島』檜書店。

観世左近（2005）『山姥』檜書店。

観世左近（2001）『楊貴妃』檜書店。

観世左近（2006）『頼政』檜書店。

観世左近（1981）『龍虎』檜書店。

【囃子の手附など】

一噌又六郎監修、一噌鑅二校閲（1985）『一噌流唱歌集 上巻』わんや書店。

一噌又六郎監修、一噌鑅二校閲（1987）『一噌流唱歌集 下巻』わんや書店。

一噌鑅二校閲、森川荘吉編著（1985）『一噌流笛指附集』わんや書店。

観世元信（1975）『観世流太鼓手附 序之巻』檜書店。

幸祥光著、横道萬里雄編（1985）『幸流小鼓正譜 序巻ノ上』能楽書林。

安福春雄（1986）『高安流大鼓 序ノ巻』能楽書林。

【DVD】

西野春雄監修、伝統音楽普及促進事業実行委員会制作(2015)『「能」は面白い！』(DVD2枚組)。

野村四郎出演・監修（2006）『観世流仕舞入門Ⅰ「雪」』檜書店。《羽衣キリ》収録）

野村四郎出演・監修（2006）『観世流仕舞入門II「月」』檜書店。（《鶴亀》収録）

【webページ、YouTubeなど（順不同）】（以下、2024年7月1日最終アクセス）

the能.com　演目事典：羽衣
　　https://www.the-noh.com/jp/plays/data/program_011.html

the能.com　演目事典：敦盛
　　https://www.the-noh.com/jp/plays/data/program_008.html

the能.com　演目事典：船弁慶
　　https://www.the-noh.com/jp/plays/data/program_003.html

the能.com　演目事典：土蜘蛛
　　https://www.the-noh.com/jp/plays/data/program_002.html

銕仙会　能楽事典　曲目解説　羽衣
　　http://www.tessen.org/dictionary/explain/hagoromo

銕仙会　能楽事典　曲目解説　敦盛
　　http://www.tessen.org/dictionary/explain/atsumori

銕仙会　能楽事典　曲目解説　船弁慶
　　http://www.tessen.org/dictionary/explain/funabenkei

銕仙会　能楽事典　曲目解説　土蜘蛛
　　http://www.tessen.org/dictionary/explain/tsuchigumo

文化デジタルライブラリー　能楽編
　　https://www2.ntj.jac.go.jp/dglib/contents/learn/edc12/index.html

おうちで「体感！日本の伝統芸能」能楽編
　　https://www.youtube.com/watch?v=d6R4US5XLhY

銕仙会 YouTube Channel　ようこそ能の世界へ　パート1　観世淳夫
　　https://www.youtube.com/watch?v=rloYNWRBlGI

「わかりやすい能解説　謡ってみよう！羽衣」　小早川修
　　https://www.youtube.com/watch?v=jiStgK3gbKo

「わかりやすい能解説　謡ってみよう！敦盛」　小早川修
　　https://www.youtube.com/watch?v=w3m2cuk8zx4

能「羽衣」楽譜付（その1）
　　https://www.youtube.com/watch?v=5CvuPK7xhp4

能の謡　拍解説　松野浩行
　　https://www.youtube.com/watch?v=ym_FH93Tnkk

能楽を楽しむ vol.1「能と狂言の違い」　中森貫太
　　https://www.youtube.com/watch?v=Qjlg9ov34Y4

付　録

付録について

　付録として、ワークシート、能の構成表、譜例、能の役籍と流派を最後に載せます。大学での授業や地域の学校の児童・生徒を対象とした出前講座などのために私が作成したものです。

○ここにあげたワークシートは、能への入り口や理解を深める出発点としてこれまでにつくったものの一部です。コロナ禍のオンライン及びオンデマンド授業の提出物として活用しました。皆さんの着眼点からも、楽しく学べるワークシートをつくってみてください。

○能の構成表は、能一番を五つの場面に分けて捉え、誰が登場し舞台上で何が起こっているのか、能全体を見通せるようにつくりました。授業などでその能を教材として取り上げる場合、どの場面に絞ってどのような活動を行うか、計画を立てる場合の目安にもなるかと思います 1)。

○譜例は、能の音楽への理解を深める手立てとしてつくってみたものです。譜例1は、仕舞《鶴亀》と仕舞《羽衣キリ》の冒頭部の横線譜です。譜例2、3は、譜例1の部分を五線譜に採譜してみたものです。前にも述べましたが、能の謡を謡う場合、ぴったりこの音高（ピッチ）で謡うことは求められていないので（音程の考え方はあります）、採譜した音高で謡うための楽譜ではありません。この音から謡い始めたら、このような音程で声の音楽が進んでいくという意味です。リズムについてもこの通りピッタリ正確に刻んでというものではなく、謡本による音価を記すとこうなるという譜例です。

　大学の授業で能を取り上げる際に私自身これらの譜例を活用しています。例えば、初等音楽科教育法（全15回）の授業は複数教員で分担しており、私の担当3回の中で能を取り上げています。そのうち1回は能の謡と舞を取り上げ、「サシコミ・ヒラキでシテを演じてみよう」というテーマにより、譜例1～3にあげた部分を授業で取り上げています。仕舞《鶴亀》《羽衣キリ》の冒頭部は、どちらもサシコミ、ヒラキで始まります。前の時間にDVDで鑑賞した仕舞《鶴

亀》《羽衣キリ》を思い出し、カマエ、ハコビ、サシコミ、ヒラキを学生たちが学習します。《鶴亀》のシテの皇帝と《羽衣》のシテの天女はどのようなイメージかグループで相談し言語化し、発表・交流したあとに、再びそれぞれの仕舞の冒頭部を演じてみます。異なるシテを同じ所作によっていかにそのキャラクターに相応しく演じるかが工夫のしどころです。学生たちの能の演技への意欲やモティヴェイションも高まります。目の前に現れるのは、初々しく凛々しく堂々たる皇帝と、フワッとして可憐な天女。これは本当に感動的な瞬間です。学生たちも、たったこれだけのシンプルな動きで、会ったことも見たこともない皇帝や天女の感じになる！　と驚きの声をあげ、体験した楽しさや面白さを子供たちに伝えたいと言います。授業後にはグループで動画作成課題に取り組み、活動を振り返ります。このような活動のために譜例1〜3は役立っています。

　譜例4は《羽衣》キリの囃子のスコアです。譜例の前に説明を入れました。能の囃子には、文献リストに載せたように各楽器の手附本があります。ところが、それを見れば演奏できるようになるものではなく、必ず先生に師事して習うものです。謡本や仕舞形付も同様で、それだけで謡ったり舞ったりできるものではなく、先生から直接ご指導いただくことで初めてわかったり、できるようになったりすることが山ほどあります。囃子の音楽についてはスコアというものがありません。それでこのようなスコアをつくってみました。囃子の楽器がどのように組み合わさってこの場面の音楽となっているのか。そのようなことも考えていただき、全体の流れにもふれていただきながら楽しんだり学んだりしていただければ、時間をかけてスコアを作成した者として嬉しいです。

○現行の役籍[2]（能の演者がどの専門を担当しているかを示すもの）と流派を載せます。現在七つの役籍があり、それぞれに複数の流派があります。流派の合計数は24です。

注
1) 中西（2019）に、能《敦盛》の構成表を載せ、いくつかの場面と指導計画とを結びつけてみました。
2) 役籍とは「能・狂言に登場する各役が専門に分化し、分業制度が確立したのちに生まれた集団の単位。（中略）七役籍に分かれ、たがいに他の専門を侵さない」（小林・西・羽田　2012, p.893）。横道萬里雄先生は役籍の厳密さについて次のように説明

しています。「たとえば笛方が休んだとき、小鼓方が代わりに笛を吹くことは絶対にありません。打楽器同士でもそうです。小鼓方が休んだからといって大鼓方が小鼓を打つことはありません」（「横道萬里雄の能楽講義ノート」出版委員会　2013, p.33）。

ワークシート1　　能って何？

能の特徴について

　能の特徴や歴史的なことについて、五つのポイントにまとめると以下のような説明が可能です。

　下の語群から選び、五つのポイントを完成させましょう。　＊答えに関係ない語も含まれています。

能って何？

○（　　　　　）、（　　　　　）、（　　　　　　）が重要な役割を果たす（　　　）である。

○（　　　　　　　）と（　　　　　　　）親子によって（　　　　　　　）時代に大成された。

○（　　　　　　　）の特別な舞台で演じられる。

○シテは（　　　　　　）をかけて演じる。

○（　　　　　　　　　　）に登録されている。

世阿弥　　室町　　謡　　ミュージカル　　ユネスコの無形文化遺産　　舞
面　　音楽劇　　江戸　　観阿弥　　左右非対称　　プロセニアム・アーチ
囃子　　衣装　　音阿弥

ワークシート2　　能舞台

能舞台の構造

　下の語群から言葉を選び、能舞台の構造を説明してみましょう。

　その昔、神社や寺の境内など野外に建てられていた能舞台は、現在は（
　　　）という建物内に設置され、そのため屋根がついた形の特殊な演劇空

間として能の上演に大きな効果を与えています。能舞台は、三間四方の本舞台、
（　　　　　　　　　　）、揚幕の奥にある（　　　　　　　　　　）で成っています。舞台の四
隅には四本の柱があり、特に（　　　　　　　　）は、面をかけたシテやその他の
登場人物が目印とする重要な柱です。（　　　　　　　）（客席のこと）の座席の位
置によっては舞台を見えにくくする柱ですが、演者が面をかけると極端に視界
が狭くなるため、この柱はなくてはならない舞台構造です。舞台の手前には（
　　　　　　）という階段の構造があります。現在は使われていませんが、その
昔、能奉行と呼ばれる役人が能の開始を命じる際などに使用した名残りです。
　　舞台の背面には、老松が描かれた（　　　　　　　　）という構造があり、反響
版のような役割も持っています。全国各地の能舞台ごとに異なった絵柄の松が
描かれており、その舞台を象徴する顔のようなものともいえるでしょう。舞台
を取り囲む（　　　　　　　）は、能舞台が屋外にあった名残りで、玉石が敷か
れ、舞台を照らす役割もあると言われています。
　　舞台下にも見えない仕掛けがあり、大きな（　　　　　　　）がいくつも置かれ
ています。あいている口をいろいろな角度にして設置することで、演者の（
　　　　）の音を効果的に聴かせたり、舞台全体の音響効果をより良くした
りする役割りを果たしています。

鏡板　　目付柱　　白洲　　橋掛リ　　甕　　　能楽堂　　キザハシ
鏡の間　　足拍子　　見所

ワークシート3　　能《船弁慶》

　　子供たちや能の初心者に能《船弁慶》の魅力をわかりやすく伝えられるよう
に、空欄（　　）に入る言葉を下の語群から選び、能《船弁慶》の解説をつく
りましょう。

　　二場物といって前半・後半の場面からなる能では、前場と後場のシテは、例
えば、前ジテが里の女（幽霊）で後ジテはその女のありし日の姿というように

関連していることが多いですが、能《船弁慶》の前ジテは（　　　　　　）、後ジテは（　　　　　　　　　）、敵同士の役柄というダイナミックな設定です。作者は世阿弥の甥、音阿弥の息子（　　　　　　　　）。大鼓方でもあり、スペクタクル的で華やかな作風で知られる能作者でもあります。この能では囃子の音楽と舞による場面も見どころとなっています。前場では、静御前が源義経との別れを惜しむ場面で（　　　　　　）という舞が舞われ、後場では、長刀を手にした平知盛の怨霊が現れる（　　　　　　）という登場楽と、舞働という働事によって躍動的な場面が舞台上に表現されます。船頭役の（　　　　　）も大活躍し、船を巧みに操ります。（　　　　　　）の船は枠だけの構造ですが、観る者は立派な御座船を想像し舞台上で起こっていることを頭の中に創造的に描いていきます。

　この能では義経役の（　　　　　　）が重要な役どころです。義経の「（　　　　　　　）」という謡は、怨霊たちの襲撃による危機的な状況を一変させる力を持っています。それに続く弁慶の祈りは不動明王を中心とする（　　　　　　）を呼び出し、怨霊たちは祈り伏せられるのでした。しかし、能はここでは終わりません。「（　　　　　　　　）」という地謡の謡を最後に知盛は退場するのですが、見所で観ている観客は、揚幕の向こうの舞台空間である（　　　　　　）に消え去った怨霊の気配を感じ続けるのです。このような舞台空間の構造も、見えない世界を表現するのにピッタリで、能の世界観や余韻が続いていく演出も効果的です。

観世信光　　鏡の間　　その時義経少しも騒がず　　あと白波とぞなりにける
静御前　　平知盛の怨霊　　五大明王　　早笛　　作り物　　子方
アイ（狂言方）　　中ノ舞

ワークシート４　　能の基本の型

能の基本の型

次の語を一つずつ選び（　　　）に記入してください。

133

ハコビ　ヒラキ　カマエ　サシコミ

　能の舞い始めの、真っ直ぐ立った基本姿勢を（　　　　　　）と言います。上下や四方八方から引っ張られている力のバランスの中心にすっと立つという感覚です。重心の中心は、おへその少し下辺りの丹田というところにあり、胸を張り、「肘がかえる」「腰がかえる」と言われるような身体の構え方、つまり肘を湾曲させるようにして体から少し離して手は腰の横あたりに構え、骨盤をほんの少し傾け前傾姿勢のようになり、さらに膝をゆるめて（少し曲げて）真っ直ぐ立ちます。そこから、左足を前に踏み出すのなら右足に体重、右足を前に踏み出すのなら左足に体重、というように右左の足にゆっくり体重を乗せかえながら、足裏を摺るように前進します。これを（　　　　　　）と言います。能では面を使うので、それが不必要に揺れないように、上半身を動かさずに歩みを進める技術です。能の足遣いが歩行芸術と言われる所以です。

　仕舞《鶴亀》と仕舞《羽衣キリ》の冒頭部には、（　　　　　　）（　　　　　　）という、能の基本の型があります。この型そのものには具体的な意味はありませんが、演じている役柄に相応しい動き方をして、役を演じ分けることができます。

ワークシートの答え

ワークシート1
○謡　　舞　　囃子　　音楽劇
○観阿弥　　世阿弥　　室町
○左右非対称
○面
○ユネスコの無形文化遺産

ワークシート2
能楽堂　橋掛リ　鏡の間　目付柱　見所　キザハシ　鏡板　白洲　甕　足拍子

ワークシート3
静御前　平知盛の怨霊　観世信光　中ノ舞　早笛　アイ（狂言方）
作り物　子方　その時義経少しも騒がず　五大明王
あと白波とぞなりにける　鏡の間

ワークシート4
カマエ　　ハコビ　　サシコミ　　ヒラキ

能の構成

○二場物の場合

前場　[ワキの出][シテの出][両者の応対][シテの仕事（語り・舞）]
　　　[シテの中入]

中入　[アイの語り]

後場　[ワキの待受][シテの出][両者の応対][シテの仕事（舞・働）][結末]

　以上は、典型的な二場物の能、即ち狂言方のアイの語りをはさんで、前場と後場を互いに対応する五つの部分に分けて考えた構成です。一場物の能もあります。それに従って、ここでは、能《船弁慶》《羽衣》《鶴亀》《敦盛》の構成を以下の表にまとめてみました（表1〜4　中西作成　2018、2023）。

《船弁慶》　五番目物　二場物　前ジテ：静御前　後ジテ：平知盛の怨霊
　　　　　　子方：源義経
　　　　　　ワキ：武蔵坊弁慶　ワキツレ：義経の従者　アイ：船頭

表1　能《船弁慶》の構成

シテの役柄	前ジテ：静御前　　後ジテ：平知盛の怨霊
曲名／構成	船　弁　慶　（観世小次郎信光作）
ワキの出　シテの出	源義経（子方）、武蔵坊弁慶（ワキ）らが登場。船頭（アイ）が呼ばれる。義経と弁慶との対話。 静（前ジテ）登場。
両者の応対　シテの仕事／語り	弁慶と静のやりとり。静と義経、別れを惜しむ。酒宴。静、烏帽子をつけ（物着）語り舞。 〈中ノ舞〉または〈序ノ舞〉
シテの中入	静、別離を嘆きながら去る。
【アイの語り】	船頭（アイ）の語り。
ワキの待受	義経、弁慶ら船出。船頭、荒波を漕ぐ。海上に平家一門の亡霊たちを発見。
シテの出	平知盛の怨霊（後ジテ）登場。〈早笛〉
両者の応対	知盛の怨霊が一行の船を海に沈めようと襲いかかり、弁慶たちは応戦する。
シテの仕事	〈舞働〉
結末	義経と知盛の斬り合い。弁慶に祈りふせられ亡霊は白波となって消え失せる。

136　付録

《羽衣》 三番目物　一場物　シテ：天女　ワキ：白龍　ワキツレ：漁夫
表2 《羽衣》の構成

シテの役柄	シテ：天女
曲名　構成	羽　衣　（作者不詳）
ワキの出　　　　　　シテの出	駿河の三保の松原の漁師白龍（ワキ）と漁師仲間たち（ワキツレ）が長閑な春の浦で漁にいそしんでいる。漁を終えた白龍が松の枝に掛けられた美しい羽衣を見つけて持ち帰ろうとする。 天女（シテ）が白龍を呼びとめる。
両者の応対	天女はその羽衣がないと天に帰れなくなると言って嘆き悲しむ。白龍は羽衣を返す代わりに天上界の舞を所望する。
シテの仕事	天女は羽衣を身にまとい（物着）、三保の松原の春の景色をめでながら舞を舞う。 〈序ノ舞〉〈破ノ舞〉
結末	地上に数々の宝を降らした天女は、空高く舞い上がると、富士の高嶺を見降ろし春霞に紛れて天上の彼方へ飛び去って行く。

《鶴亀》 初番目物　一場物　シテ：皇帝　ツレ：鶴、亀　ワキ：大臣　ワキツレ：従臣
　　　　アイ：官人
表3 《鶴亀》の構成

シテの役柄	シテ：皇帝
曲名　構成	鶴　亀　（作者不詳）
狂言口開（きょうげんくちあけ）	官人（アイ）が四季の節会に際して、月宮殿への皇帝の行幸を触れ歩く。
シテ、ワキの出	皇帝（シテ）が大臣たち（ワキ・ワキツレ）を従えて登場。四季の節会の正月の儀式が執り行われることが宣言される。宮殿の荘厳華麗な光景が描写され皇帝の恵みが称えられる。
ツレの出	例年と同様に、鶴（ツレ）と亀（ツレ）が連れ立って舞を舞う。 〈中ノ舞〉
シテの仕事	皇帝の徳を称え鶴と亀が皇帝に長寿を授けると言うと皇帝は大いに喜び、自ら舞を舞う。〈楽〉
結末	月宮殿で殿上人たちが天人のような美しい舞を次々と舞う。皇帝は国土の豊かさ、繁栄を喜び、興に乗り長生殿へと帰っていく。

《敦盛》　二番目物　二場物　前ジテ：草刈の男　後ジテ：平敦盛の霊

ツレ：草刈の男たち　ワキ：蓮生法師　アイ：里の男

表4　能《敦盛》の構成

シテの役柄	前ジテ：草刈の男　　後ジテ：平敦盛の霊
曲名 構成	敦　盛　（世阿弥作）
ワキの出	蓮生法師（ワキ）は合戦で手にかけた敦盛の菩提を弔うため一の谷を訪れる。
シテの出	草刈の男（前シテ）が仲間たち（ツレ）と笛を吹きながら登場する。
両者の応対	樵歌牧笛の故事や名笛のことを語り合う。
シテの仕事／語り	仲間たちが去った後一人残った男は、法師に念仏を授けてくれと頼み、自分は敦盛の縁の者だと言う。
シテの中入	男は自分こそ敦盛であることをほのめかして失せる。
【アイの語り】	里の男（アイ）は敦盛の最期を語り、法師が熊谷直実だと知る。
ワキの待受	蓮生法師は通夜をして読誦する。
シテの出	敦盛の霊（後シテ）が姿を現す。法師の回向に感謝する。
両者の応対	敦盛は平家都落ちの運命を嘆く。〈クリ〉〈サシ〉〈クセ〉
シテの仕事	敦盛は今様朗詠の遊びをした昔を思い出して舞う。　〈中ノ舞〉
結末	敦盛は討たれるまでを再現するが、恨みを捨て、蓮生法師に重ねて回向を請い、姿を消す。

譜例 1

○仕舞《鶴亀》 ツヨ吟

		2	3	4	5	6	7	8	1
シテ	①上	ン	げーッ	き	う	で	ん	の	ー
	②上	は	く	え	の	た	も	と	ー
地謡	①上	ン	げーッ	き	う	で	ん	の	ー
	②上	は	く	え	の	た	も	と	の
	③上	い	ろ	い	ろ	た	え	な	る
	④上	ー	はー	な	の	ー	そー	で	ー

○仕舞《羽衣キリ》 ヨワ吟

☆上音と上ウキ音との音程はほぼ長2度

		2	3	4	5	6	7	8	1
	上ウ			ウ	ま	あ			
シテ	①上	ンあ	ー	づ		ア	そ	び	の
	②上	ーか	ー	ず	か	ーず	ー	に	ー
	上ウ			ウ	ま	あ			
地謡	①上	ンあ	ー	づ		ア	そ	び	の
	②上	ーか	ー	ず	か	ーず	ー	に	ー
	上ウ		オ	な	も				
	③上	そ	の			オつ	き	の	ー
	上ウ		イ	ろ	び				
	④上	ーい	ー			イー	とー	は	ー

譜例 2

仕舞《鶴亀》冒頭部

譜例 3

仕舞《羽衣キリ》冒頭部

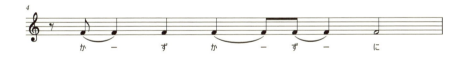

譜例４について

囃子の楽器——大鼓・小鼓・太鼓の基本の打ち方・掛声など

☆囃子が演奏されるのは、能、半能、舞囃子、番囃子などの上演形式において。

☆打ち方・掛声・手附の表記法などは流儀によって異なる。詳細は各楽器の手附本を参照のこと。

○大鼓（高安流）

・掛声の「ヤ」は「ヨ」、「ハ」は「ホ」、「ヤア」は「ヨオ」、「ハア」は「ホオ」と掛ける。「ヨーイ」「ヤ　ア」などはその通りに掛ける。

△「チョン」　右手を真横に大きく構えてから、強く打つ。

●「ドン」　　右手を小さく構えて、弱く打つ。

○小鼓（幸流）

・掛声の「ヤ」は「ヨ」、「ハ」は「ホ」と掛ける。

⊖「プ」　右手の全ての指（親指以外）で皮の真ん中辺りを弱めに打つ。左手は調べ緒を緩めに握る。

○「ポ」　全ての指で皮の真ん中辺りを強く打つ。左手は打つ瞬間まで調べ緒を強く握り、打った直後に緩める。

●「チ」　皮の端を弱めに打つ。左手は調べ緒を半ばくらい握る。

△「タ」　皮の端を強く打つ。左手は調べ緒を強く握る。

　＊「大倉流はチは薬指で打ち、タは薬指と中指の二本で打つと指を決めていますが、幸流では人によって打ち方が違います」（横道　2014, p.56）。

○太鼓（観世流）

・譜例４で太字で記した「**ハ**」「**ヤ**」「**ヱヱイイヤ**」などの掛声をかけながら演奏する。

・右側の列を右手で、左側の列を左手で打つ。

・「ツ・ハ・ア・ン・ツ・ヤ・ア・ン・ツ・ハ・ア・ン・ト・ツ・タン……」と唱えながら練習するが、正式な演奏では「**ハ**」「**ヤ**」などの掛声だけを掛けながら太鼓を打つ。

・太鼓の音には大きく分けて二種類の音、つまり、つける音（バチを抑えるようにして響かせない音）と響かせる音がある。

・大バチと中バチは響かせる音、小バチはつける音である。

142　　付録

○大バチ　バチを握っている両手の位置を頭の高さぐらいまで上げて、打ち下ろす。
●中バチ　大バチの半分程度の高さまで両手を上げて、打ち下ろす。
　小バチ　太鼓の面からあまり離さずに打つ（「刻」などの手組の場合）。
　カタ　　左手を右肩に付けるようにしてから斜めに打ち下ろす。

×　コミ　掛声や音を出す前に「ツ」や「ン」とお腹に力を込めて取る間のこと。「コミを取る」のように使う。囃子だけでなく謡や舞でも重視される。手附本の表記に従い、×印は小鼓の手附の通りに記した。

譜例 4（手附本に基づき中西作成 2022、2024）は能《羽衣》のキリ（終結部分）の囃子スコアで、「〽東遊の数々に 東遊の数々に」から最後まで。

謡の平仮名表記は安福（1986）による。

『中学音楽 2・3 上　音楽のおくりもの』（2022 教育出版）の pp.62-63 の横線譜は、譜例 4 − 2 の前半部分。

囃子の楽器や唱歌については引用・参考文献の『唱歌で学ぶ日本音楽』（音楽之友社）を参照されたい。

譜例 4　《羽衣》キリ

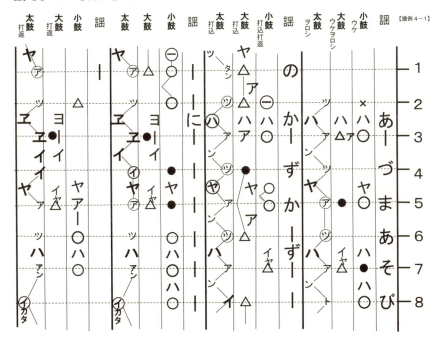

143

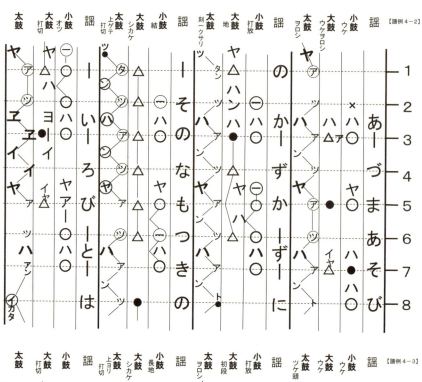
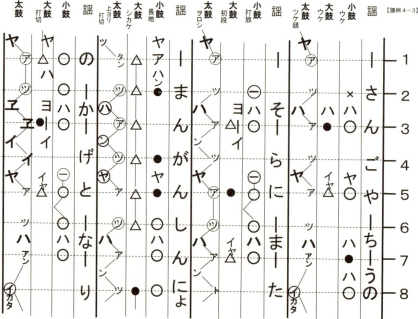

付録

【譜例4-4】

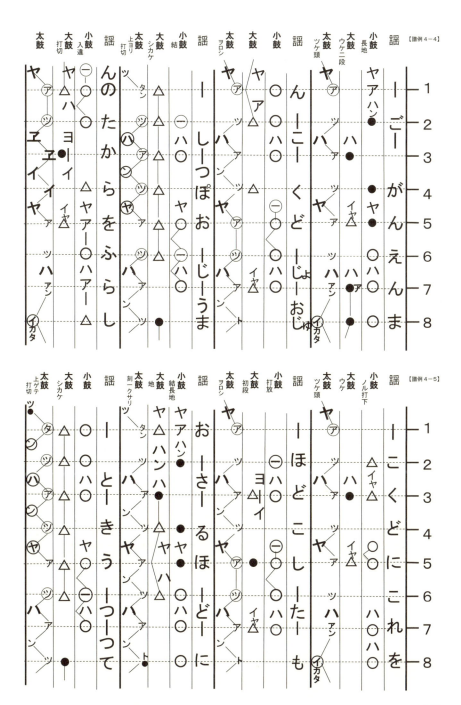

【譜例4-5】

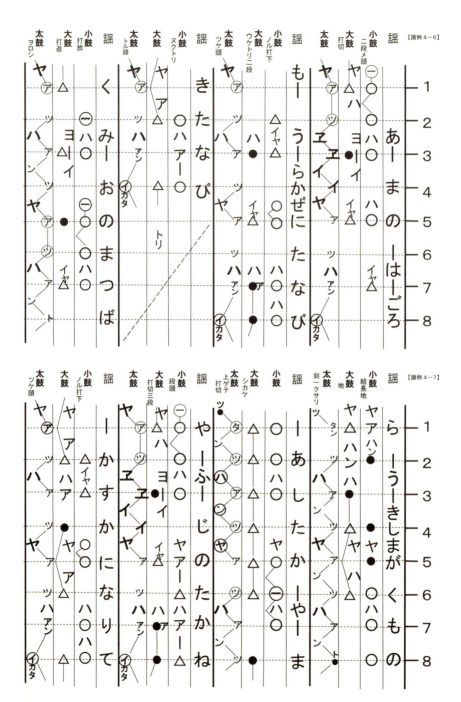

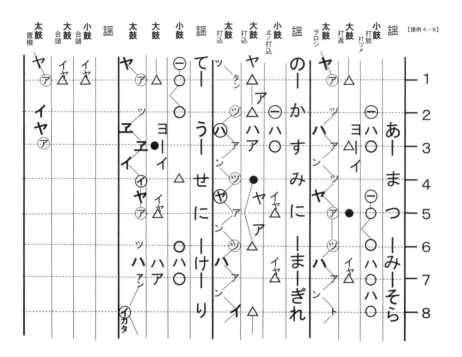

【譜例4-8】

147

能の役籍と流派

シテ方	観世流	宝生流	金春流	金剛流	喜多流
ワキ方	福王流	高安流	宝生流		
狂言方	大蔵流	和泉流			

囃子方

笛方	一噌流	森田流	藤田流		
小鼓方	幸流	幸清流	大倉流	観世流	
大鼓方	葛野流	高安流	大倉流	石井流	観世流
太鼓方	観世流	金春流			

能の役籍は、シテ方、ワキ方、狂言方、笛方、小鼓方、大鼓方、太鼓方の七つに分かれ、笛方、小鼓方、大鼓方、太鼓方を囃子方と言います。

シテ方が演じる役種——シテ、ツレ、トモ、子方、地謡、後見
ワキ方が演じる役種——ワキ、ワキツレ
狂言方が演じる役種——アイ（二人以上いる場合オモアイ、アドアイ）

著者紹介

中西　紗織（なかにしさおり）

津田塾大学英文科、東京藝術大学音楽学部楽理科卒業、同大学院音楽研究科博士課程修了。博士（学術）。北海道教育大学准教授。弘前大学、釧路市立高等看護学院非常勤講師。専門分野は音楽学、音楽教育学。著書・論文多数。中学校音楽科教科書『音楽のおくりもの』（教育出版）執筆、村井範子との共著『音楽学研究物語―村井範子が語る日本における音楽学研究のあけぼのとその時代』（2021 芸術現代社）。CD 曲目解説、音楽誌評論等執筆。日本歌曲振興波の会詩部門会員。北海道教育大学釧路校創立 70 周年祝歌《煌めく道》二橋潤一作曲、《木漏れ日のヴィジョン》会田道孝作曲、《六条河原院》玉井明作曲、《月に聲澄む》高橋久美子作曲など作詩。台本執筆《海境の物語》マーティン・リーガン作曲。

観世流謡・仕舞を観世銕之丞師に、生田流箏曲を國澤秀一師に師事。

能の楽しみ方、学び方
―学校教育で役立てたい能の学習書―

2025 年 3 月 12 日　初 版 発 行	
著者	中西　紗織
発行者	大坪　盛
発行所	株式会社 芸術現代社
	東京都台東区鳥越 2-11-11-3F　〒 111-0054
	（電話）03-3861-2159
版下製作	株式会社 ソレイユ音楽事務所
印刷製本	モリモト印刷株式会社
定価	1,800 円（税別）

ISBN　978-4-87463-223-9

落丁乱丁本はお取り替え致します。